Antje Schmelcher **Feindbild Mutterglück**

Ein Hoch auf die Freiheit
und das Unvollkommensein.
Ein Hoch auf alle Fehler machen
und nicht wirklich stolz darauf sein.
Ein Hoch auf einfach mal nach draußen gehn
und erst später fragen wieso.

Maike Rosa Vogel,
aus ihrem Song *Für fünf Minuten*

Antje Schmelcher

Feindbild Mutterglück

Warum Muttersein und Emanzipation kein Widerspruch ist

orell füssli Verlag

Umschlaggestaltung: Hauptmann & Kompanie Werbeagentur, Zürich.
Druck: fgb • freiburger graphische betriebe, Freiburg

ISBN 978-3-280-05520-5

Die Deutsche Nationalbibliothek verzeichnet diese Publikation in der Deutschen Nationalbibliografie; detaillierte bibliografische Daten sind im Internet über http://dnb.d-nb.de abrufbar.

FSC www.fsc.org
MIX
Papier aus verantwortungsvollen Quellen
FSC® C106847

Inhaltsverzeichnis

1 Arbeiten, Abkindern, Abgeben 7
2 Die Vereinbarkeitslüge 29
3 Muttertier oder Das umgekehrte Tabu 61
4 Kinderwunsch und Angst vor dem Kind 85
5 Die kalte Mutter: Mythos deutsche Mutter und das Ende der Intuition 105
6 Early Learning: Erziehungshype und Bildungsindustrie 131
7 Top Moms 153
8 Elementarteilchen oder: Wo sind die Frauen und wo ist die Bewegung? 169
9 Ein anderer Weg – ein Nachwort 197

Literaturverzeichnis 207

1 Arbeiten, Abkindern, Abgeben

»Hinter der Betonung der unbedeutenden Stellung Kinder versorgender Mütter verbirgt sich die tendenziöse Weigerung, die Befriedigung, Selbstentfaltung und moralische Erfüllung anzuerkennen, die das Kinder-erziehen mit sich bringen kann.«

Daphne de Marneffe, »Die Lust, Mutter zu sein«

An Müttern scheiden sich die Geister. Ganz besonders an der »Mutter an Heim und Herd« (Peer Steinbrück), dem Prototypen der »Glucke« (Jutta Allmendinger), der »Sklavin« (Alice Schwarzer). Damit sind die Frauen gemeint, die ihr Kind in dessen ersten Lebensjahren selbst betreuen – immer noch die Mehrheit der Mütter in Deutschland. Sie sind die größte Baustelle auf dem Arbeitsmarkt und in der Gleichstellungspolitik. Denn ihre Arbeitskraft ist vorübergehend eingeschränkt und ihre Stellung gegenüber dem Mann sichtbar ungleich. Deshalb wird die Mutter im Grundgesetz geschützt. Und gilt dafür als defizitär. Muttersein ist ein Makel, der so schnell wie möglich ausgeglichen werden muss. Von allen Seiten wird jungen Frauen heute suggeriert, sie sollten ihre »verschenkten Potenziale« (Jutta Allmendinger) so schnell wie möglich nach der Geburt eines Kindes wieder auf den Arbeitsmarkt tragen – zur eigenen Absicherung natürlich. Doch wollen Mütter das auch? Wollen sie wirklich mehr Fremdbetreuung und kürzere Babypausen? Hört man ihnen zu, ergibt sich ein anderes Bild. Das Statistische Bundesamt hat Mütter gefragt, welchen Einfluss der Mangel an Betreuungsplätzen darauf habe, dass sie keine Arbeit suchten. Im Bericht von Destatis (Februar 2013) heißt es: *»Die Antwort ist vergleichsweise schlicht: häufig keinen. Für 70% der nicht erwerbstätigen Mütter mit Kindern unter 15 Jahren hatte im Jahr 2011 die Betreuungssituation keinen Einfluss auf die Entscheidung, keine bezahlte Tätigkeit zu suchen.«* Auch das können Frauen unter Lebensqualität verstehen: die Fürsorge für ihre Kinder.

Trotzdem wird die Erziehungsleistung von Müttern systematisch abgewertet, ihr Zustand gilt als selbst verschuldete Unmündigkeit. Neben mangelnde Wertschätzung ist offene Feindseligkeit getreten: Restaurants, die Mütter mit Kinderwagen abweisen, schaffen es in die Nachrichten. In Berlin werden Kinderwagen in Hausfluren in Brand gesetzt. »Mutti« ist die gängige Beleidigung der ersten deutschen Bundeskanzlerin. Die Ökonomin Lisa Herzog und die Soziologin Jutta Allmendinger sehen in Müttern, die mit ihren Kindern Hausaufgaben machen, sogar die Ursache sozialer Ungleichheit im Land. Die Mutter ist zum Feindbild geworden. Eine Abschreckung, die ihre Wirkung nicht verfehlt. Noch nie war die Verunsicherung unter Müttern größer als heute.

Mütter werden ständig bewertet. Sie sind entweder zu jung oder zu alt, zu ehrgeizig oder asozial. Sie haben zu viele oder zu wenig Kinder. Als hysterisch, chronisch überfordert und manipulierbar gelten sie auch noch, kaum in der Lage, den eigenen Nachwuchs zu erziehen. Die Gentrifizierung wird an ihren Kinderwagen abgelesen, ebenso die Höhe der Sozialhilfe. Die Vollzeitmutter gilt als Luxusmodell oder als prekär. Sie ist heute nicht mehr Sklavin ihres Mannes, sondern ihres Kindes, das selbstverständlich verzogen ist. Seit der Pisa-Debatte und der staatlich geförderten Geburtenpolitik durch das Elterngeld (eine Verbesserung für Akademikerinnen, eine Verschlechterung für alle anderen Frauen) ist in Deutschland ein Klima entstanden, das abstrakte Bildungsziele, Arbeitsmarktdaten und Geburtsstatistiken anstelle eines Menschenbildes setzt, Zahlen also statt Werten. Die Conditio humana soll den Umständen angepasst werden. In völliger Verkennung von Ursache und Wirkung wird die Bindung eines Kindes an seine Mutter in vermeintlichen Zwiespalt zu seiner Bildung gesetzt. Bildung, die in frühkindlichem Stadium nicht anders als durch Bindung überhaupt reifen kann, wird zu einem Wert erhöht, der Bindung ersetzen soll. Durch diese falsche Gleichung wird aber die Erziehungsleistung von Eltern und ganz besonders von Müttern herabgesetzt. Das wiederum nützt vor allem der Verwertung der Frau auf dem Arbeitsmarkt. Entsprechend ihrer Qualifikation soll die Frau lieber arbeiten, anstatt zuhause zu dilettieren.

Mit diesem Argument hatte die ehemalige CDU-Familienministerin Ursula von der Leyen einer ausgewählten Gruppe von Müttern, nämlich den akademisch gebildeten in Festanstellung, ein fünf Milliarden schweres Geschenk in Form des Elterngeldes gemacht. Arbeitslose, alleinerziehende oder studierende Mütter bekamen nun weniger als vor dieser Reform, finanzieren seitdem aber das Elterngeld von Doppelverdienern mit. Niemand schien etwas dagegen zu haben, eine bestimmte Gruppe besserzustellen. Und zwar nur aus einem Grund: weil angenommen wird, die ihr zugehörigen Frauen produzierten den besseren Nachwuchs. Kinder aus bildungsfernen Schichten sind in Deutschland unerwünscht. Und nichtakademischen Müttern wird penetrant unterstellt, zur Erziehung der eigenen Kinder nicht in der Lage zu sein. Mit Geschlechtergerechtigkeit hat das nur noch wenig zu tun. Frauen nach Herkunft und Bildungsgrad unterschiedlich zu behandeln hätte Hannah Arendt »Weltverlust« genannt, einen Mangel an Toleranz für verschiedene Konzepte von Mutterschaft.

Kaum ein Politiker stellt sich dem entgegen. Mütter haben keine politische Lobby. Arbeitnehmer dagegen schon. Die Bundesregierung fürchtet sinkende Geburten, fehlenden akademischen Nachwuchs und zu wenig Frauen in Vorstandsetagen. Diese Missstände zu bekämpfen ist quer durch alle Fraktionen zu einer nationalen Aufgabe geworden. Per Quote kann man Frauen nach oben bringen. Aber nicht zum Kinderkriegen. Dort soll mit Steuergeld nachgeholfen werden. Doch der Erwartungshorizont, dem Frauen ausgesetzt sind, ist schief. Mutterwerden wird propagiert, Muttersein dagegen sanktioniert. Für Frauen ist das ein schizophrener Zustand. Denn eine Mutter ist immer abhängig von der Gesellschaft, die sie umgibt. Es ist also schwerer für Frauen, eine Mutterrolle anzunehmen, wenn diese öffentlich karikiert wird.

Selbstverständlich soll die Mutter ihrem Beruf am besten in Vollzeit nachgehen. In einer hoch arbeitsteiligen Gesellschaft muss ausgerechnet sie alles gleichzeitig leisten: Gebären, versorgen, erziehen, sozialversicherungspflichtig arbeiten, dem Mann nicht auf der Tasche liegen, unabhängig und beruflich qualifiziert sein: ein Kriegszustand. So ist das größte Tabu für Frauen heute nicht mehr die Teilhabe am beruflichen Alltag, sondern der Wunsch, sich um die eigenen Kinder zu kümmern. Dieser Wunsch wird angefeindet wie postnatales Homeschooling. Feministinnen, Parteien, Arbeitgeber und Gewerkschaften sehen darin eine Bedrohung. Die amerikanische Psychotherapeutin Daphne de Marneffe beschrieb das in ihrem Buch »Die Lust, Mutter zu sein« so: *»Die Wahrnehmung von Unvollständigkeit, die sich früher auf Frauen im Allgemeinen bezog, hat sich auf die Mutter, die ihre Kinder versorgt, verlagert. Angefangen bei den abgenutzten Phrasen »Ich arbeite nicht« und »Ich bin nur Hausfrau und Mutter« bis hin zu der Gleichsetzung von Mutterschaft mit Märtyrerinnentum zeigt sich überall das eiserne Beharren darauf, dass den*

Frauen, die ihre Zeit mit Kindererziehung verbringen, etwas fehlt.«

Dabei fehlt ihnen natürlich etwas, nämlich Zeit und Geld. Das Erziehungsgeld in Höhe von 350 Euro monatlich, das *allen* Frauen bis zu drei Jahren nach der Geburt eines Kindes zustand (und mit 2,9 Milliarden Euro deutlich günstiger war als das Elterngeld), wurde durch eine Gebärprämie für eine ausgewählte soziale Gruppe ersetzt. Aus drei Jahren wurden mal eben zwölf Monate. Auch dadurch wurde die Erziehung von Kindern durch die Eltern abgewertet und vor allem das Kinderkriegen subventioniert. Ein erheblicher Eingriff in das Selbstbestimmungsrecht von Frauen und Familien.

Deshalb galt die sogenannte »aktive Bevölkerungspolitik« seit dem Nationalsozialismus als Tabu. Nie wurde deutlicher, wie weit die Förderung von Geburten und eine familien- und menschenfreundliche Politik auseinanderliegen können. Doch die frühere SPD-Familienministerin Renate Schmidt brach 2003 damit. In ihrem Buch »SOS Familie. Warum wir ohne Kinder alt aussehen« forderte die rührige Mutter, Großmutter und Gewerkschafterin, staatliche Anreize zur Erhöhung der Geburtenrate zu schaffen, die Grundidee des Elterngeldes. Doch der damalige Bundeskanzler Gerhard Schröder, SPD, hatte damit größte Probleme. In seiner Regierungserklärung warnte er im März 2004: »Gewiss, eine Bevölkerungspolitik, wie gerade wir in Deutschland sie in zwei

Diktaturen erlebt haben – ich nenne nur die Stichworte: ›Mutterkreuz‹ hieß es bei den Nazis und ›Abkindern‹ in der früheren DDR –, ist das Gegenteil von einem Leben in Freiheit und Selbstbestimmung.« Schröder spielte damit auf die Ehekredite an, die seit 1972 in der DDR vergeben wurden. Die Geburt eines Kindes minderte die Rückzahlrate, beim dritten Kind war sie getilgt, eben »abgekindert«. Vorbild dieser familienpolitischen Maßnahme waren die nationalsozialistischen Ehestandsdarlehen.

Doch Schröders Warnung verhallte. Der Fortgang ist bekannt: Der SPD-Kanzler verlor die Wahl und die neue Familienministerin von der Leyen, CDU, führte mit dem Einverständnis der ersten weiblichen Bundeskanzlerin und nach den Plänen Renate Schmidts 2007 das Elterngeld ein. Renate, Angela, Ursula: Man kann sagen, dass die neue aktive Bevölkerungspolitik in Deutschland von Frauen durchgepeitscht worden ist. In der öffentlichen Wahrnehmung kam das als halbwegs feministische Offensive rüber. Doch zum Gesetz ist dieser Ansatz nicht geworden. Heute wird in der CDU nicht mehr gern darüber geredet. Das Elterngeld sei keine »Gebärprämie« und der Staat habe sich nicht in den Kinderwunsch von Familien einzumischen, heißt es dort. Immer wieder behaupten allerdings Politiker, die Deutschen wünschten sich mehr Kinder, als sie kriegten. Mit diesem Argument lässt sich dann an der Steigerung der Geburtenrate schrauben. Dabei ist es kaum möglich, den tatsächlichen Kinderwunsch in einem Land überhaupt zu ermitteln. Denn wen sollte man dazu befragen: nur Frauen? Warum nicht Männer? Und welchen Alters? Dürfen Alte keinen Kinderwunsch mehr haben? Und haben Lehrlinge schon einen? Und wer sagt auf diese Frage die Wahrheit? Der Kinderwunsch gehört zu den privatesten Wünschen überhaupt – und ist staatlich nicht zu erfassen. Auch haben Kinderraten und Familienfreundlichkeit nicht zwingend etwas miteinander zu tun.

Doch im Oktober 2006 hatte Ursula von der Leyen stolz ein Papier präsentiert mit dem Titel: »Wachstumseffekte einer bevölkerungsorientierten Familienpolitik«. Ihr Ziel lag bei einer Rate von 1,7 Kindern im Jahr 2014. Diese Studie hatte sie nicht etwa gemeinsam mit Familienverbänden in Angriff genommen – Co-Sponsor der kostenlosen Broschüre war die Deutsche Industrie. Denn die Politik braucht Rentenzahler, die Industrie Arbeitskräfte und die Wirtschaft Konsumenten. Kann das ein Grund für Frauen sein, Kinder zu kriegen? Der Ton der Studie war haarsträubend. Ziel einer bevölkerungsorientierten Familienpolitik müsse sein, *»knappe Ressourcen (Zeit? Menschen? Mütter? Anm. d. A.) so einzuteilen und zu konzentrieren, dass die wesentlichen Funktionen von Familie – Reproduktion, Unterhaltssicherung, Sozialisation, Daseinsvorsorge – mit ökonomischen Zielen harmonieren können.«* Die Erziehung der Kinder durch ihre Eltern, wie sie im Grundgesetz formuliert ist, schien für die Macher der Broschüre keine wesentliche Funktion mehr von Familie zu sein. Vielmehr ging es um das Sozialprodukt. Dieses könne, laut Studie, durch gezielte Familienpolitik – also höhere Kinderraten und mehr Mütter in Vollzeitarbeit – *»in den nächsten Dekaden um ein zusätzliches Viertel gesteigert werden.«*

Neben seiner schwierigen Vorgeschichte und seiner sozialen Ungerechtigkeit hat das Elterngeld noch eine große Schwäche – es verlangt Müttern Maximalleistungen zuhause und auf dem Arbeitsmarkt ab und berücksichtigt nicht die Situation von Frauen mit mehreren Kindern. Entscheiden die Frauen sich für den Beruf, bekommen sie oft keine Kinder mehr, entscheiden sie sich für ein zweites oder drittes Kind, sinkt das Elterngeld drastisch, wenn die Frauen nicht mehr Vollzeit arbeiten.

Es gibt noch mehr Botschaften, die Mütter verunsichern. Nie zuvor wurde Frauen so massiv wie heute eingeredet, zur Erziehung der eigenen Kinder nicht in der Lage zu sein, ja ihren beruflichen Erfolgschancen im Weg zu stehen. Durch den hohen öffentlichen Druck, Super-Nanny-Einblicke in vermeintlich dumpfe Privathaushalte und eine Ratgeber-Flut fragen sich Frauen heute, ob sie alles richtig machen, wenn sie bei ihren Kindern bleiben. Oder ob sie sich bei diesem Wunsch ideologisch verirrt haben. Eine Kultur der Angst hindert sie, den Wunsch nach einem Kind und den Wunsch, das Kind zu begleiten, überhaupt zu artikulieren. Bin ich abgesichert? Komme ich wieder in den Job? Werde ich verlassen? Bin ich in der Lage, mein Kind zu erziehen? Ist meine Rente sicher?

Diese Fragen sind rational, jede Frau wird sie sich stellen. Von außen können diese Fragen aber zur Drohkulisse werden. Und Frauen dazu bringen, den Wunsch nach einem Kind zu unterdrücken oder aufzuschieben, oft genug, bis es zu spät ist.

Bücher wie das der Journalistin Bettina Wündrich bestätigen solche Ängste: »Einsame Spitze? Warum berufstätige Frauen glücklicher sind.« Hier erscheint die Arbeit als Verheißung und Hort der Sicherheit. In einem Interview wird Wündrich gefragt, ob es denn »verwerflich« sei, der Kinder wegen vom Beruf zu pausieren. Und Wündrich antwortet: *»Wofür? Dafür, dass die Ausbildung zum Fenster rausgeschmissen ist. Die Rente noch schmaler wird? Man vom Ehemann abhängig ist. Und dass man im Fall einer Scheidung erst recht dumm dasteht, weil man auch gesetzlich dazu angehalten ist, für sich selbst zu sorgen!«* Wündrich hat vollkommen recht. Jede Frau, die sich darauf einlässt, ist schlecht beraten. Und jeder Mann auch.

Für Frauen gibt es also wieder Denkverbote. Wir können öffentlich artikulieren, unsere Kinder abgeben zu wollen. Über den Wunsch, bei ihnen zu bleiben, ist eine Verständigung kaum möglich. Denn dieser Wunsch schürt derart große ökonomische Ängste, dass er fast als irrational erscheinen muss. Die Psychologin Daphne de Marneffe bemerkte dieses Phänomen, als sie selbst Mutter wurde: *»Als in mir der Wunsch immer stärker wurde, Zeit auf das Groß-*

ziehen von Kindern zu verwenden, fiel mir auf, wie schwierig es war, darüber zu reden. Niemand erwartete einfache Antworten, aber unsere Kultur schien nur allzu oft mit der Frage zu reagieren, wie wenig Zeit man seinen Kindern widmen könnte, ohne ihnen Schaden zuzufügen.« Von der tatsächlichen Sehnsucht vieler Mütter, Zeit mit den eigenen Kindern zu teilen, sei öffentlich kaum die Rede, schreibt de Marneffe. Aus ihrer Praxis als Psychotherapeutin weiß die Autorin, dass der Wunsch von Frauen, Kinder zu haben, in der Regel sehr eng mit dem Wunsch verknüpft ist, für die Kinder zu sorgen und Zeit mit ihnen zu verbringen. De Marneffes Buch ist in den Vereinigten Staaten viel diskutiert worden, in Deutschland wurde es kaum wahrgenommen.

Und noch etwas kommt hinzu. Die Tatsache, dass sich in Deutschland immer noch die meisten Mütter nach der Geburt ihrer Kinder zunächst für die Betreuung der Kinder und erst nachrangig für einen Wiedereinstieg in den Beruf entscheiden, gilt als rückschrittlich. Diese Tatsache wird in der Regel mit dem Argument kaschiert, es gebe zu wenige Krippenplätze. Eine selbstbestimmte Entscheidung von Müttern für die Betreuung ihrer eigenen Kinder gerät so aus dem Blickfeld. Denn es erscheint wie ein Verrat an den Errungenschaften von Feminismus, Gleichberechtigung und Gleichstellung, wenn Frauen sich zumindest zeitweise für den Nachwuchs entscheiden. Doch genau an dieser Front offenbart sich der Unterschied zwischen Gleichberechtigung und Gleichstellung. Denn aus gleichen Rechten sollte man nicht Anpassung an den Arbeitsmarkt ableiten. Gleiche Rechte für Frauen sind ein Muss, aber Gleichstellung darf nicht zum Zwang werden. Die Tatsache, dass sich Frauen in sehr freien Gesellschaften wieder für vermeintlich überkommene Rollen und weibliche Berufe wie Lehrerin, Erzieherin oder Krankenschwester entscheiden, wird auch das Gender-Equality-Paradox genannt. Die Frauen haben die Wahl. Und sie wählen – aber nicht vorrangig die MINT-Berufe. Der Gleichstellungsfeminismus möchte die Freiheit, die dieser Wahl zugrunde liegt, nicht anerkennen und erklärt das Verhalten von Frauen mit überkommenen Rollenmustern. Die Genderforschung unterstützt diesen Erklärungsversuch: Alles sei nur sozial konstruiert. Nach dieser Logik muss die Frau immer noch vom System befreit werden. Vom System des bipolaren Denkens in überkommenen Geschlechterverhältnissen. Zweigeschlechtlichkeit ade. Wenn aber das Bestehende als Konstrukt gilt, wird die Wirklichkeit schnell zur Tabuzone. Mitten drin steht die Mutter.

Die gegenwärtige Sprachlosigkeit über ganz reale Bedürfnisse von Müttern hemmt unsere Selbstbestimmung. Wer kann schon sagen, was richtig oder falsch ist, wo es um Intimität geht? Und gibt es überhaupt eine falsche Bindung im Verhältnis zu einem Kleinkind? Die Verfechter der sogenannten frühkindlichen Bildung haben auf diese Fragen keine Antwort. Als Voraussetzung für weibliche Emanzipation reden sie einer kollektiven Kultur des Abgebens von Säuglingen und Kleinkindern das Wort. Die

Schuld an der defizitären Struktur von vermeintlicher Bildung (eher geht es um Aufbewahrung) in staatlichen Betreuungseinrichtungen soll auf die Familien abgewälzt werden, allen voran auf die Mütter, die sich diesem System entziehen. Denn wie sagte Hannelore Kraft (SPD) im NRW-Wahlkampf auf die Frage nach dem Kita-Ausbau: »Dann müssen wir aber auch sicherstellen, dass alle da sind.« Während der Grüne Cem Özdemir fand, das Betreuungsgeld für Kleinkinder gleiche einer Prämie für Abiturienten, damit sie nicht zur Uni gingen. Die Berliner SPD will nun gleich den Kita-Zwang für Migrantenkinder einführen, um sie nicht ihren unfähigen Eltern auszuliefern. Das wurde im »ABC des Kommunismus« von 1919, dem Lehrbuch über die Grundsätze der Kommunistischen Partei Russlands, auch schon so gesehen. Dort heißt es: *»Der Gesellschaft gehört auch das ursprünglichste und fundamentalste Recht der Kindererziehung. Von diesem Standpunkte aus müssen die Ansprüche der Eltern, durch die Hauserziehung in die Seele ihrer Kinder ihre eigene Beschränktheit zu legen, nicht nur abgelehnt, sondern auch ohne Erbarmen ausgelacht werden. Der Gesellschaft steht es frei, die Kindererziehung den Eltern anzuvertrauen, aber je eher es ihr möglich ist, selbst einzugreifen, umso weniger Grund ist vorhanden, sie den Eltern zu überlassen, weil die Fähigkeiten zur Kindererziehung doch seltener vorkommen als die Fähigkeiten, Kinder zu gebären. Von hundert Müttern sind vielleicht eine oder zwei fähig, Erzieherinnen zu sein.«* Cem Özdemir hat diese Fähigkeit, er ist Erzieher. Doch anders als Grüne und SPD wussten die kommunistischen Didaktiker schon damals, warum die Eltern zögerten: »*Häufig hält gerade die schlechte Leitung der Heime, Krippen, Gärten usw. die Eltern davon zurück, ihre Kinder denselben zu übergeben. Die Aufgabe der kommunistischen Partei und besonders ihrer Frauensektionen besteht darin, die Eltern dazu zu bewegen, eine Verbesserung der gesellschaftlichen Erziehung nicht durch einen Verzicht auf dieselbe unmöglich zu machen, sondern gerade durch die Übergabe ihrer Kinder in die entsprechenden Institutionen und durch die Verwirklichung der breitesten Kontrolle seitens der Elternorganisationen durchzusetzen.*« Das Kind als Pfand für den gesellschaftlichen Fortschritt. Interessant ist, dass die kommunistische Partei die Durchsetzung der Fremdbetreuung als Aufgabe ihrer Frauensektionen sah. Wer es also nicht abliefert, ist schuld, wenn die Qualität nicht stimmt. Dieses Argument wird heute noch verwendet. Die Familie gilt dabei als Hort der Anti-Aufklärung und Bildungsarmut.

Selbsternannte Fürsprecher der Frauen wie die ehemalige Familienministerin von der Leyen (CDU) haben mit perfektionistischen und keineswegs wahrhaftigen Rollenvorbildern den Druck auf Mütter noch erhöht. Unter dem Schlagwort der »Vereinbarkeit« von Familie und Beruf hat sich die Babypause unter von der Leyen um mehr als die Hälfte verkürzt. Ihre Nachfolgerin Kristina Schröder zementierte den Anspruch auf einen Kitaplatz für Einjährige. Und ermöglicht dadurch den Arbeitgebern einen früheren Zugriff auf Mütter. Damit leisten die Politikerinnen der Tendenz Vorschub, Arbeiten als progressiv und Kinderkriegen als überkommen zu bewerten. Fast alle Parteien folgen ihnen darin. Die SPD fürchtet sogar um die Bildungschancen von Kleinkindern, die in den ersten zwei Jahren von der Mutter betreut werden. Selten fehlt an dieser Stelle der Hinweis auf das Prekariat, bei dem immer der Verdacht der Verletzung des Kindwohls mitschwingt.

Die Arbeitgeber predigen so schon lange. Das Zauberwort heißt »frühkindliche Bildung«: Die Bildung von ein- bis zweijährigen Kindern soll als Herzensanliegen der BDA (Bundesvereinigung der deutschen Arbeitgeberverbände) durchgehen. In einem Info-Blättchen des Instituts der Deutschen Wirtschaft werden Kinder sogar als »Karrierebaustein« gepriesen. Ob Kinderfreundlichkeit in Unternehmen sich allerdings auszahlt, weiß das Institut auch nicht so recht und räsoniert: *»Steigern Teilzeitmodelle, Vertrauensarbeitszeit und Betriebskindergärten die Motivation der Mitarbeiter und damit letztendlich die Unternehmensrenditen? Oder haben ohnehin erfolgreiche Firmen einfach nur mehr Spielräume für eine familienfreundliche Unternehmenskultur?«* Ob der Karrierebaustein nicht doch ein Stolperstein ist, weiß also auch in der deutschen Wirtschaft niemand so genau zu sagen. In Wirklichkeit fürchten Wirtschaft und Industrie verständlicherweise ein sinkendes »Erwerbspersonenpotenzial«, wenn die Mütter nicht sogleich dem Arbeitsmarkt zugeführt werden. Vor dieser Kulisse wird der Kinderwunsch von Frauen implizit schon als reaktionär betrachtet. Ein Kind zu bekommen, erscheint nur unter demografischen Gesichtspunkten noch als sinnvoll. Die Mutter, die ihr Kind selbst betreuen will, wird den Verdacht nicht mehr los, in eine ideologische Falle getappt zu sein. Für ein Kind auf Lohnarbeit zu verzichten, finden auch Gewerkschaften und Arbeitnehmer-Parteien nicht mehr zeitgemäß. Das Umfeld von Müttern und ihren Kindern wird von der SPD »familienpolitische Idyllen« genannt – als Schimpfwort.

Was geschieht in einer Gesellschaft, die diese Abwertung und Häme gegenüber Müttern kultiviert? Welche Trauer verbirgt sich dahinter und welche Ängste? Die Zahl der Kinderwunschbehandlungen ist sprunghaft gestiegen, ebenso die Unfruchtbarkeit. Jede fünfte Frau wird einmal von ungewollter Kinderlosigkeit betroffen sein. Pädiater weisen auf den Zusammenhang zwischen der Angst von Müttern in der Schwangerschaft und auffälligen kindlichen Verhaltensmustern hin. Doch auch die Frauen-, Familien- und Genderbeauftragten der meisten Parteien überhören diese Signale. Es scheint nur ein Ziel zu geben: Die Mütter sollen dem Arbeitsmarkt angepasst werden. Kinder stören dabei.

Der Feminismus bietet diesen Frauen wenig Rückhalt. Seine Vordenkerinnen scheinen vergessen zu haben, dass Mütter auch Frauen sind. Und daher die Solidarität der Frauenbewegung verdient haben. Scheitert das Lebensmodell einer Mutter, wird sie arbeitslos oder alleinerziehend oder beides zugleich, schütteln feministische Gouvernanten den Kopf. Als liege der Fehler darin, ein Kind bekommen zu haben. Die Väter sind dabei aus dem Blickfeld gerutscht und aus der Verantwortung. Verdächtig ist immer die Mutter. Versagt sie, regelt der Staat den »Rest«. Doch ohne die Einbindung der Väter in die Erziehung der Kinder wird der Druck auf Mütter weiter zunehmen – zuhause und auf dem Arbeitsmarkt.

Galt früher die arbeitende Mutter als Negativbeispiel, so ist es heute die Mutter, die bei ihren Kindern bleibt. Je mehr sich eine Gesellschaft aber von Müttern distanziert, desto stärker wird der Druck auf Eltern, sich von ihren Kindern zu entfernen. Das sollte für Frauen ein beunruhigender Befund sein, ganz besonders dann, wenn eine Spielart des Feminismus dem Arbeitgeberpräsidenten die Argumente liefert. Denn was nun zur Disposition steht, wird auf dem Rücken von Eltern, ganz besonders von Müttern ausgetragen. Es ist die absehbare Streichung der kostenlosen Mitversicherung nichterwerbstätiger Familienmitglieder in der gesetzlichen Krankenkasse bis zur radikalen Verkürzung der Erziehungszeiten. Die Düsseldorfer Tabelle, die den Unterhalt nach einer Scheidung regelt, liefert nur einen kleinen Vorgeschmack dessen, was Mütter nun zu schultern haben. Diese Entwicklung ist die logische Folge aus der Einführung des Elterngeldes. Doch statt die Mütter dem Arbeitsmarkt anzupassen, sollten lieber die Erziehungszeiten den Bedürfnissen von Eltern und Kindern angepasst werden. Und das Recht auf einen

Kita-Platz darf Arbeitgebern nicht als Freibrief zur Verkürzung der Babypause und dem Abbau von Teilzeitstellen dienen.

Die Angst der Frauen vor mangelhafter Teilhabe am Erwerbsleben ist zu einer Auto-Aggression geworden. Man kann diese Art des Selbsthasses am negativen Bild der Mutter in der Frauenliteratur sichtbar machen. Vorherrschend sind hier Übermütter, Rabenmütter, Ehrgeizmütter, deutsche Mütter, böse Mütter, Hartz-IV-Mütter, Vollzeitmütter, Helikopter-Mütter, Muttis. Es gibt in Deutschland sehr viele Begriffe, um den Status von Frauen herabzusetzen. Positive Titel sind die Ausnahme. Ideologen auf beiden Seiten des politischen Spektrums haben dieses Klima erzeugt: der dumpfe Traditionalismus einer Eva Herman ebenso wie die Selbstverleugnung von Müttern im Feminismus, das elitäre Vereinbarkeitsmodell einer Ursula von der Leyen ebenso wie der Karrierezwang einer marktgängigen Frauenverwertungsbewegung.

Sollte man nicht den Müttern die Entscheidung überlassen, wann sie ihre Kinder bekommen und wie lange sie sie betreuen wollen, und nicht dem Arbeitsmarkt? Dadurch würde auch die Situation von Frauen berücksichtigt, die mehrere Kinder haben. Sollte man nicht Studentinnen, Verkäuferinnen und Hartz-IV-Empfängerinnen dieselben Leistungen zubilligen, die fest angestellten Akademikerinnen zustehen? Und Teilzeitmodelle fördern, statt Eltern in eine 40-Stunden-Woche zu zwängen?

Staatlich finanzierte Gebärprämien üben außerdem Druck auf gewollt oder ungewollt kinderlose Frauen aus. Und spielen Frauen gegen Frauen aus: Gebärende gegen Kinderlose, Mütter gegen Steuerzahler, Akademikerinnen gegen Frauen, die mit ihrer Vollzeit-Arbeit kaum ihre Kinder durchbringen können. Wenn das Gleichstellungspolitik ist, dann ist diese ein Raster, durch das alle Frauen fallen, die sich auf dem Arbeitsmarkt nicht an Männern messen lassen. Aus feministischer Sicht ein Desaster. Eine größere Entsolidarisierung unter Frauen ist kaum denkbar. Auch Mütter auf ihre Rolle als Gebärende zu reduzieren, ist kein Zeichen von Emanzipation. Es begrenzt ihren Spielraum. Umsichtige Feministinnen haben längst erkannt, dass man die Frau nicht gleichberechtigt, indem man sie abschafft. Ebenso wird man der Mutter nicht gerecht, wenn man sie für überflüssig erklärt.

Mutterschaft ist einem kollektiven Gefühl der Angst unterworfen – höchste Zeit, dass der Feminismus auch hier die Anliegen von Frauen erkennt. Aus dem Streben nach Gleichstellung sind längst Anpassung und Konkurrenz geworden. Deshalb brauchen wir eine zeitgemäße Familienpolitik, die den unauflöslichen Konflikt zwischen Erziehung und Beruf nicht allein den Frauen aufbürdet. Es ist paradox: Nur wenn Erziehung nicht länger als Frauensache verstanden wird, werden Frauen eine neue Freiheit in ihrer Mutterrolle erlangen. Nur wenn auch die Väter für Arbeitgeber zum potenziellen Risiko werden, lässt sich der Generalverdacht gegenüber Frauen auf dem Arbeitsmarkt lockern. Das ginge besser mit einer Frauenbewegung, die wieder zur Solidarität zwischen Frauen aufruft. Und gerade die Mütter als ihr Klientel begreift.

2 Die Vereinbarkeitslüge

Kinder, Küche, Kirche war gestern. Wir sind endlich frei! Nach dreißig Jahren Gleichstellungspolitik haben Frauen- und Genderbeauftragte alle Korsettstäbchen gezogen. Trotzdem zwickt und zwackt es uns nach wie vor um die Taille. Nur drückt uns niemand mehr von hinten das Knie in den Rücken, um uns zu schnüren. Die Fäden halten wir nun selbst in der Hand. Und wenn wir dran ziehen, geht uns schnell die Luft aus. Stecken wir schon wieder in einer Zwangsjacke? Einer selbst gewählten vielleicht? Denn wir haben ja die Wahlfreiheit, oder sollen sie jedenfalls bald kriegen. Wir sollten sogar im europäischen Jahr 2014 der Vereinbarkeit von Familie, Beruf und Privatleben leben. Doch was Frauen im Alltag ganz selbstverständlich hinzukriegen haben, lässt sich auf europäischer Ebene nicht einmal als Motto durchsetzen. Schade nur, dass es noch kein Jahr der Entgeltgleichheit zwischen Männern und Frauen gab. Dann wäre die Vereinbarkeit gleich leichter. Immerhin gibt es den »Equal Pay Day«. Ab sofort soll das also gar kein Problem mehr sein, Familie und Beruf unter einen Deckel zu kriegen. Bis dahin müssen wir uns nur ein bisschen mehr anstrengen und zu Simultanwesen werden: Wir müssen Kinder kriegen, sie erziehen und versorgen, uns dabei selbst absichern, am besten durch Vollzeitarbeit, und den Partner nur als ferne Größe behandeln. Notfalls ist er halt weg. Ist der alte Imperativ, nach dem Frauen sich mit Kindern, Küche, Kirche zu begnügen hatten, nicht durch einen neuen aus Kindern, Kita und Karriere ersetzt worden? Und steht die moderne Frau nicht recht allein an der neuen Front? Auf einen festen Partner sollte sie nicht bauen, die Verbindung könnte ja scheitern. Daher gilt für Frauen nicht mehr: Absichern durch Heirat, sondern durch Arbeit! Und das bitte nahtlos, denn sonst droht der Verlust der beruflichen Qualifikation. Das Ziel, nämlich Frauen weg aus häuslicher Abhängigkeit in einen Beruf zu bringen, ist in der Gleichstellungspolitik zur Voraussetzung geworden. Die Vereinbarkeit von Kindern, Partnerschaft, Familie, Haushalt und Beruf hat ihre zeitliche Abfolge, in welcher Reihe auch immer, verloren. Sie wird einfach proklamiert. Mutterschaft ist so von einem universellen Phänomen zum Handicap geworden.

Doch dieses Handicap ist mit Vereinbarkeit und Entgeltgleichheit politisch nur begrenzt zu regeln. In Ländern mit Tarifautonomie gibt der Arbeitsmarkt die Bedingungen vor. Und tatsächlich scheint es hier keine allzu großen Arbeitskämpfe mehr zu geben. Denn Arbeitgeber, Parteien und Gewerkschaften haben in Deutschland ein gemeinsames Steckenpferd: die Frauenförderung. Genauer gesagt, die Förderung junger, akademisch qualifizierter Frauen, die Vollzeit arbeiten – das neue »Erwerbspersonenpotenzial«. Dieses gilt es vor allem vor drei Dingen zu beschützen: der Teilzeitfalle, den Anforderungen von

Mutterschaft und dem Betreuungsgeld. Seite an Seite möchten Grüne, SPD und die Arbeitgeberverbände ganz besonders das Betreuungsgeld aus der Welt schaffen. Eine Allianz, die auch unter Feministinnen offensichtlich keinen Verdacht schürt. In Gewerkschaften und Parteien regt sich nur noch unter dem Titel »Familienpolitik« gelegentlich Widerstand. Denn was in der Frauenpolitik als Falle gilt, also Teilzeit, Erziehungszeiten und Homeoffice, wird von Familien gewünscht. Frauenpolitik ist so zu einem reinen Instrument der Arbeitsmarktpolitik geworden. Werden Frauen zu Müttern, finden sie nur gelegentlich noch in der Familienpolitik Gehör. Obwohl Mütter auch Frauen sind.

Durch die Fixierung der Frauenpolitik auf den Arbeitsmarkt erscheint Familienpolitik so zu Unrecht immer mehr eine Art Wohltätigkeitsveranstaltung zu sein, ein künstlich subventionierter Ort mittelalterlicher Geborgenheit. Längst vergessen ist der kluge Satz des ehemaligen Verfassungsrichters Böckenförde, nach dem der freiheitliche Staat von Voraussetzungen lebe, die er selbst nicht garantieren könne, ganz besonders nicht die Familie. Dass genau deshalb Ehe, Familie und die Mütter im Grundgesetz geschützt werden, wird von vielen Feministinnen und in der Frauenpolitik eher als Nachteil empfunden.

Auch auf europäischer Ebene mahnt die Politik zur Solidarität mit den Arbeitgebern. In Zehnjahresplänen soll das Wirtschaftswachstum vorangebracht werden. Unter der spanischen EU-Ratspräsidentschaft wurde die Agenda »Europa 2020« verabschiedet. An erster Stelle steht das Vorhaben, die Vollzeiterwerbsquote von Frauen auf 75 Prozent zu bringen. Der »Rest«, also Familie, Kinder, Pflege, soll durch »infrastrukturelle Maßnahmen« geregelt werden. Da Feministinnen, Gewerkschaften und Parteien dazu schweigen, stellt niemand die Frage, ob die Frauen das auch so wollen. Mütter zum Beispiel wollen etwas anderes, folgt man dem Ergebnis des Ersten Gleichstellungsberichtes der Bundesregierung im Juni 2011. Sie möchten im Durchschnitt etwa 26 Wochenstunden arbeiten. In der Frauenpolitik hört man das nicht gerne.

Ganz grundsätzlich stellt sich die Frage, ob es in freien demokratischen Gesellschaften Aufgabe des Staates oder übergeordneter Behörden sein kann, erhöhte Geburtenraten und Vollzeiterwerbsquoten vorzugeben. Es gilt immer noch die Freiheit der mündigen Bürger. Auch der Begriff der Wahlfreiheit ist oft interessegeleitet. Die einen verstehen darunter den kollektiven Ausbau der Infrastruktur, die anderen die Möglichkeit, auch zuhause bleiben zu können. Grundsätzlich ist die Abschaffung der Wahlfreiheit für Frauen eine Forderung des von Simone de Beauvoir geprägten klassischen Feminismus. Auf der Höhe der stalinistischen Säuberungswellen beschwor die französische Existenzialistin die Verheißungen der russischen Revolution. Die Frau solle zum Broterwerb gezwungen werden, so ihre Forderung. Hätten Frauen die Freiheit der Wahl, so fürchtete de Beauvoir, würden sich zu viele

Frauen für die Mutterschaft entscheiden. Daher die Vehemenz, mit der das Betreuungsgeld bekämpft wird. Die Beauvoirsche Definition freier Mutterschaft sah Folgendes vor: *»Der Schwangerschaftsurlaub würde von der Kollektivität bezahlt, und dieser fiele auch die Sorge für die Kinder zu, was nicht heißt, dass die Kinder den Eltern entzogen würden, sondern dass man sie ihnen nicht überließe«* (»Das andere Geschlecht«). Aus dieser materialistischen Sicht war die Rechnung einfach: Für Arbeit und ein eigenes Einkommen wurde das Sorgerecht abgetreten.

Heute wirkt erstaunlicherweise die anti-materialistische Gegenfrage um vieles provokanter. Nämlich die, ob Geld allein Frauen zum Kinderkriegen motiviert? Die junge Soziologie-Professorin Magdalena Nowicka, selbst Mutter zweier Kinder, will daran nicht glauben. In der Berlin-Brandenburgischen Akademie der Wissenschaften sagte sie, beim ersten und zweiten Kind sei nicht das Geld entscheidend, sondern vielmehr die Zeit, die der Mutter zur Verfügung stehe. Nowicka machte das an der Kinderzahl der Lehrerinnen fest. Unter Akademikerinnen hätten Lehrerinnen die meisten Kinder. Sowohl Akademikerinnen, die mehr verdienten, als auch die, die weniger verdienten, hätten weniger Kinder. Doch Zeit ist in dieser Debatte das am härtesten verhandelte Gut. Deshalb hat es auch dreißig (!) Jahre gedauert, bis unter der rot-grünen Bundesregierung 2001 das Recht auf Teilzeitarbeit, das seit 1971 nur für Beamten und hier vor allem für Lehrerinnen galt, auf alle Arbeitnehmer ausgeweitet wurde.

Was zunächst nach Emanzipation aussehe, sei in Wirklichkeit nichts anderes als ein Zuziehen der Fesseln, schreibt die britische Feministin Nina Power in ihrer Kampfschrift »Die eindimensionale Frau«. Nach Power ist das Private nicht nur politisch, es ist durch und durch ökonomisch geworden. Power glaubt, auf den Feminismus anwenden zu können, was Marcuse auf den Menschen in der Konsumwelt gemünzt hatte: *»Die spontane Nachahmung auferlegter Bedürfnisse durch Individuen führt nicht zur Autonomie. Sie bestätigt einzig die Effizienz der Kontrollen.«* Die moderne Frau muss vor allem eine konsumorientierte Frau sein. Der unökonomische »Rest« aus Kindern und Küche bleibt an ihr kleben. So ist die Frage nach der Vereinbarkeit zur Gretchenfrage des Feminismus geworden: Wie hältst Du es mit Kindern, Kita und Karriere, Frau Nachbarin?

Zur vorgeblichen »Vereinbarkeit von Familie und Beruf« gibt es sogar einen Wikipedia-Eintrag, der dieses höchst verdächtige Konstrukt wie eine Tatsache behandelt. Man hätte ihn auch mit »Machbarkeit von Familie und Beruf« oder »Alternativlosigkeit von Familie und Beruf« übertiteln können. Streicht man alle Floskeln, bleibt ein grätiger Arbeitsmarktfeminismus übrig, der Frauen, die sich ihm (vorübergehend) entziehen, ähnlich gängelt wie das Arbeitsamt Hartz-IV-Empfänger. Anerkennenswert ist den Strategen dieser neuen Art der Frauenverwertung dabei nur der »Faktor Kind« als gesellschaftliches Humankapital, das leider unverzichtbar ist. Die Bedürfnisse von

Müttern und ihren Kindern sind längst aus dem Blickfeld gerutscht. Die sinkende Kinderzahl bei steigender Vollzeit-Arbeit der Frauen wird vom Institut der deutschen Wirtschaft schlicht »Opportunitätskosten« genannt. Mütter bezahlen das.

Während unter der rot-grünen Bundesregierung bis 2005 unter Vereinbarkeit noch verstanden wurde, Mütter durch das neu eingeführte Teilzeitgesetz darin zu unterstützen, Kindererziehung und Beruf zeitlich unter einen Hut zu bekommen, schaltete die ehemalige Familienministerin von der Leyen (CDU) auf Turbo um: »Wachstumseffekte einer bevölkerungsorientierten Familienpolitik« hieß ihr Konzept. Unterschrieben wurde es 2006 von den Chefs des Bundesverbandes der Deutschen Industrie und des Instituts der Deutschen Wirtschaft. Kein Wunder, denn das Elterngeld förderte nun vor allem die Vollzeitberufstätigkeit von akademisch qualifizierten Müttern in Festanstellung und verkürzte die Babypause von drei Jahren auf zehn Monate. Die Arbeitgeber jubelten. Das waghalsige Versprechen der Ministerin lautete, das Sozialprodukt der Deutschen in den nächsten Jahrzehnten durch vermehrte Frauenerwerbstätigkeit und höhere Fertilitätsraten um ein Viertel zu steigern. Auf Deutsch: Frauen sollten gleichzeitig mehr arbeiten und mehr gebären. Eine Zumutung! Unter von der Leyen ist so nicht nur die Frauenpolitik, sondern auch die Familienpolitik zum Instrument der Arbeitsmarktpolitik geworden.

Das neue Korsett aus Kindern, Kita und Karriere wurde enger gezurrt. So eng, dass die Frauen kaum noch Luft bekamen. Und immer weniger Kinder. Denn das Elterngeld richtet sich vor allem an Mütter, die Ausbildung und Karriere schon hinter sich haben. Es ist ein Anreiz, die Familienplanung weit nach hinten zu schieben. Und es ist nicht zeitlich flexibel, wenn ein zweites oder drittes Kind kommt. Das Elterngeld fördert zwar die Berufstätigkeit von Müttern, doch mehr als ein Kind trauen sie sich unter diesen Bedingungen kaum noch zu. Anstatt zu steigen, wie es von der Leyen prophezeit hatte, ist die Geburtenrate auf 1,3 Kinder pro Frau gesunken. Doch öffentlich traut sich fast niemand, einen Zusammenhang zwischen der niedrigen Anzahl der Geburten und dem Elterngeld herzustellen – obwohl Deutschland mit seiner Fertilitätsrate nun das Schlusslicht Europas bildet. Dabei hatte von der Leyen als Familienministerin angekündigt, durch ihre »bevölkerungsorientierten« Maßnahmen auf 1,7 Kinder pro Frau im Jahr 2014 zu kommen. Eine absolute Fehlkalkulation! Doch auch der feministische Mainstream hat diese Politik gutgeheißen und von der Leyen dafür Rückendeckung gegeben.

Dem Feminismus ist damit abhandengekommen, was ihn einmal stark gemacht hat: der Nonkonformismus und die ungeschminkte Einschätzung der eigenen Zwanghaftigkeit! Körperlichkeit, Lust und Kinderwunsch sind zu verdächtigen Aspekten von Weiblichkeit geworden. So, wie man Frauen früher in eine ungeliebte Versorgerehe gedrängt hat, drängt man sie nun auf den Arbeitsmarkt. Das Recht auf reproduktive Selbstbestimmung wird dabei unter der Hand kollektiviert. Doch haben die Feministinnen, die heute mainstreamen – also das, was nicht Mainstream ist, dazu machen –, diejenigen aus den Augen verloren, die ihre Zukunft garantieren: die Kinder und ihre Mütter. Aus polternden Wolfsfrauen sind steife Sittenwächterinnen geworden, aus Weibern Gouvernanten, die das wilde Mädchen Heidi zähmen wollen wie ein Fräulein Rottenmeier. Das biologische Geschlecht der Frauen, ihr Sexus, ist dabei vom Konstrukt des anerzogenen sozialen Geschlechts zumindest in der feministischen Debatte weitgehend verdrängt worden. Medial verwaltet wird der tugendhafte und strebsame Mainstream-Feminismus von den schmallippigen und kinderlosen Chefredakteurinnen der taz, ausgerechnet jener Zeitung, die immer quer und queer denken will. So sehr diese Damen proklamieren, in ihrem politischen Kampf erbitterte Feinde des sogenannten »Neoliberalismus« zu sein, so sehr erliegen sie ihm regelmäßig, wenn es um Frauen auf dem Arbeitsmarkt geht.

Dabei ist das Diktat der mühelosen Vereinbarkeit von Kindern und Karriere ein doppelter Superlativ, der vor allem zu Lasten von Frauen geht. Von allen Seiten wird ihnen die Nichterfüllung dieses Plansolls als Versagen ausgelegt. Demografen bemängeln die sinkende Geburtenrate, Politiker beklagen den fehlenden weiblichen Mutterelan trotz milliardenschwerer Subventionen und besonders meinungsstarke Feministinnen werfen den Frauen für ihr mühseliges Vorankommen auf dem Arbeitsmarkt Feigheit vor. Männer waren einem solchen Druck noch nie ausgesetzt. Vereinbarkeit in dieser Form ist eine Forderung, die offensichtlich nur für Frauen gilt. Es gibt wohl kaum eine männliche Führungskraft, egal in welchem Beruf, die neben der Karriere auch noch Kinder großgezogen hat. Warum sollte Karrierefrauen nun gelingen, was Karrieremänner nie geschafft haben? Die Debatte hat sich dabei so auf den demografischen Faktor und die Ökonomie des Arbeitsmarktes verengt, dass der Aspekt von Mutterschaft und seinen speziellen, aber universellen Anforderungen vollkommen verdrängt wurde.

Die treibende Kraft war dabei der Gleichheitsfeminismus. Doch recht unauffällig haben sich seine Anhängerinnen unter der Hand von der Vereinbarkeit verabschiedet. Laut haben sie das nicht gesagt. Schließlich ist die Vereinbarkeit ja eine offizielle politische Doktrin, quer durch alle Parteien. Außerdem ist es schwierig, so ganz öffentlich Frauen vom Kinderkriegen abzuraten. Doch die Feministinnen, die der Gleichheit der Geschlechter huldigen, die also keine biologischen, evolutionären und entwicklungsgeschichtlichen Unterschiede zwischen Männern und Frauen dulden, haben genau das vor. Sie raten Frauen aus ihrer konstruktivistischen Sicht der Unterschiedslosigkeit, sich nicht in vermeintlich überkommene Rollenbilder zu stürzen. Damit meinen sie Mutterschaft. Die Liebe zu einem Mann und zu Kindern, Intimität und Bindung sehen sie als Hormonfallen. Das ist nichts anderes als die Warnung an Frauen, bloß nicht Mutter zu werden. Denn Mutterschaft gilt feministischen Vordenkerinnen seit Simone de Beauvoir als freiwillige Auslieferung, als lebenslange Abhängigkeit, als das Gegenteil von Selbstbestimmung.

Für die französische Feministin und Philosophin Elisabeth Badinter ist Mutterschaft schlicht das Gegenteil von Freiheit und das Ende der sexuellen Selbstbestimmung. Für die deutsche Bascha Mika ist Mutterschaft eine Hormonfalle, eine Selbsttäuschung der Frau. Der Weg zu einem eigenständigen Leben ist für diese Mahnerinnen allein die Karriere. Das Berufsleben soll nun also auch der Höhepunkt der Selbstverwirklichung der Frau sein. Haben die Feministinnen den Männern das denn je geglaubt? Haben sie nie Arthur Millers Manifest »Tod eines Handlungsreisenden« gelesen? Für die meisten Menschen, Männer wie Frauen, ist das Arbeitsleben nämlich keine Option, sondern reine Existenzsicherung. Die Debatte um die Vereinbarkeit ist in Wahrheit eine über die Verwertbarkeit von Frauen. Und so spricht die Autorin Bascha Mika vor der »Industrie- und Handelskammer Wiesbaden« über die »Employability« von Frauen, als wäre sie selbst der CEO eines multinationalen Konzerns und nicht die ehemalige Chefin einer genossenschaftlichen Tageszeitung am Rande der Pleite. Würde ein Mann so über Frauen reden, darüber, ob sie auf dem Arbeitsmarkt etwas taugen oder einfach feige sind, man würde schnell erkennen, was ihn antreibt: Chauvinismus. Für seine weibliche Form gibt es nur noch keinen Namen. Oder vielleicht den: Großraumbürofeminismus.

Es war immer die Ökonomie, die die Frauenfrage in diese Richtung gepeitscht hat. Vom Feminismus wurde nur übernommen, was auf dem Arbeitsmarkt verwertbar ist. Dieser systemkonforme Feminismus wird auch noch als progressiv verkauft. Dabei würden die Arbeitgeberverbände mittlerweile die meisten feministischen Forderungen freudig unterschreiben: Erfüllung für die Frauen und Fachkräfte für die Industrie. Diesen Lobgesang kennt man von den glücklichen Werktätigen in der DDR bis zu den Interpreten von Firmenhymnen in modernen Großunternehmen. Niemand zwingt Frauen, in diesen Gesang einzustimmen – sie machen sich selbst zum Humankapital. Und nennen es Glück.

Damit bilden die Gleichheitsfeministinnen immer noch den Mainstream. Doch sie schießen weit über ihr Ziel hinaus. Mutterschaft und Arbeit gehören heute beide zu einem selbstbestimmten Frauenleben. Auch, wenn Frauen sich nur für eines von beiden entscheiden. Vielleicht, weil beides nicht zwangsläufig zusammenpasst. Denn die Bedürfnisse von Kindern, besonders von Kleinkindern, und die Anforderungen auf einem globalisierten Arbeitsmarkt liegen weit auseinander. Sie bedingen einander nicht, sondern sie sind exklusiv, sie schließen sich gegenseitig aus. Wenn wir uns einem qualifizierten Beruf voll anpassen, müssen wir in der Regel mobil und Vollzeit verfügbar sein. Das macht es schwer, gleichzeitig die Signale von Kindern zu empfangen. Wenn wir unsere Babys versorgen, dürfen wir unsere Gefühle nicht andauernd verdrängen. Wo wir beruflich Selbstbewusstsein und gelegentlich Härte zeigen, müssen wir als Mütter wieder adaptiv werden und unseren Sinnen vertrauen. Wir müssen von Senden auf Empfangen umstellen. Das gilt für alle Menschen, die mit Kindern zu tun haben, ganz besonders auch für Väter. Es wäre eine Untersuchung wert, ob die Verständigungsprobleme zwischen traditionellen Vätern, die Vollzeit arbeiten, und ihren Kindern nicht dieselben sind wie die zwischen Vollzeit arbeitenden Müttern und ihren Kindern.

Die Umstellung durch die Geburt eines Kindes löst in Frauen oft Ambivalenzen aus. Das große Glück der tiefen Verbundenheit mit einem Kind kann schnell durch gesellschaftliche Einflüsse getrübt werden. Dazu gehören Armut, Angst und mangelnde gesellschaftliche und familiäre Anerkennung. Die Haltung der Umwelt beeinflusst oft sehr stark die innere Haltung einer Mutter. Daher wird die Mutter im Grundgesetz geschützt. Unter Artikel 6, Satz 4, steht: *»Jede Mutter hat Anspruch auf den Schutz und die Fürsorge der Gemeinschaft.«* Doch dieser Anspruch wird ihr heute als Defizit ausgelegt. Denn auf dem Arbeitsmarkt gilt Mutterschaft als Hindernis: »Wiedereingliederung in die Arbeitswelt« heißt das Stichwort, das Frauen nach der Babypause verbal auf eine Stufe mit sozial Gefallenen und Strafgefangenen stellt. Als hätten wir nicht gearbeitet. Doch um diesen vermeintlichen Makel zu überspielen, sollen die Mütter nun zu Simultanwesen werden. Anstatt in zeitlicher Abfolge Mutterschaft und Beruf aufeinander abzustimmen, lastet heute der Druck auf Frauen, beides zugleich zu erledigen. Ein unauflösbarer Widerspruch.

Doch er wird seit Jahren auch von Frauen zum höchsten Ziel verklärt. Beispielhaft ist dafür das 2006 erschienene Buch »Die Unmöglichen: Mütter, die Karriere machen«. Elf Journalistinnen mit eher weniger Kindern porträtieren darin sehr vorteilhaft elf Frauen mit eher mehr Kindern, dazu noch mit Einfluss und Geld, von Maria Furtwängler bis zu Margot Käßmann. Das Ergebnis des Buches scheint schon vor der Recherche festgestanden zu haben: Alle Porträtierten »würden es immer wieder tun«, verrät der Klappentext. Lauter Erfolgsmodelle also, zum Nachahmen bestens geeignet, soll die Lektüre verheißen. Nur eine der Autorinnen hat im Nachhinein widersprochen. Die einzelnen Geschichten läsen sich wie Berichte aus dem Krieg, schrieb Johanna Adorján später in der Frankfurter Allgemeinen Zeitung. Wer das lese, würde jede Frau verstehen, die nicht hurra schreien und auf der Stelle ein Kind bekommen wolle. Diese Lesart aber hatten sich die überaus prominenten Unterstützerinnen des Buches nicht gewünscht: Ursula von der Leyen und Liz Mohn, zwei Damen, die versuchen, mit ihrer eigenen stark bearbeiteten Erfolgsgeschichte Frauen maximal zu beeindrucken.

Dafür haben sie Opfer gebracht, die sie uns leider verschweigen: Liz Mohn hat sich ihren beruflichen Erfolg und ihr Vermögen durch Heirat verdient, wie in ihrer Biografie mit dem vielsagenden Titel »Liebe öffnet Herzen« nachzulesen ist. Zu diesem Zweck hat sie das demütigende Dasein als langjährige heimliche Geliebte des Bertelsmann-Erben Reinhard Mohn in Kauf genommen. Sie ist dafür sogar eine Scheinehe eingegangen und hat ihren Kindern jahrelang vorenthalten, wer ihr wirklicher Vater ist. Wahrlich kein feministisches Glanzstück. Im Buch finden sich noch mehr dieser aus feministischer Sicht eher zweifelhaften Rollenvorbilder wie Maria Furtwängler, die ihre Freiheiten nicht zuletzt ihrer Ehe mit dem 26 Jahre älteren Medienzar Hubert Burda verdankt. Und abgesehen davon aussieht wie Barbie als Kommissarin verkleidet. Oder die millionenschwere alleinerziehende Nina Öger, deren Erfolg als Geschäftsfrau und Mutter aus den Konstanten Vater Öger, Kinderfrau und Chauffeur besteht. Aber galt es nicht einmal als anti-feministisch, sich auf solche patriarchal geprägten Vorbilder zu beziehen? Heißt Vereinbarkeit, eheliche oder andere Allianzen mit (alten) Männern und mit Jobs einzugehen, die einem den Erfolg garantieren? Und welcher Preis wurde dafür bezahlt? Ist es eine feministische Position zu sagen, der Zweck heiligt die Mittel?

Warum tun Frauen das? Warum setzen sie sich selbst die Daumenschrauben an, um ein Frauenbild zu konstruieren, das ihnen höchste Opfer abverlangt? Dabei ist es Zeit, zu handeln. Wir brauchen neue politische Regelungen, die Frauen Freiräume für ihre Entscheidungen lassen. Es lohnt sich, gegen das starre und unsoziale Korsett des Elterngelds neue Modelle zu denken. Dafür müssen wir aber zwei Dinge tun. Wir müssen zu einer Re-Solidarisierung unter Frauen zurückfinden. Es kann nicht darum gehen, Frauen, die einen von der Norm oder den politischen Vorgaben abweichenden Lebensentwurf haben, zu bekämpfen oder gar zu entmündigen. Es kann auch nicht darum gehen, Vorstellungen vom vermeintlich richtigen Familienleben auf andere zu übertragen. Manche Frauen haben nach der Babypause das Bedürfnis zu arbeiten, andere Frauen fühlen eine überaus starke Sehnsucht nach der Nähe zu ihren Kindern. Keine Frau darf dafür sanktioniert werden, wie sie ihr Leben mit Kindern und Beruf gestaltet und welchen Schwerpunkt sie dabei legt. Es muss vielmehr darum gehen, die Entscheidungsfreiheit für alle Frauen zu erweitern. Wir haben ein Recht auf reproduktive Selbstbestimmung, das wir äußerst wachsam verteidigen sollten, um nicht zum Humankapital produzierenden Humankapital degradiert zu werden. Denn die Ökonomisierung unseres Lebens setzt sowohl die Frauen unter Druck, die mehrere Kinder erziehen und dafür weniger arbeiten, als auch die sogenannten »Karrierefrauen«, die kinderlos sind. Dabei darf Kinderlosigkeit ebenso wenig ein Makel sein wie Mutterschaft. Beides hat leider eine lange Tradition. Auch das Dogma der Vereinbarkeit ist keine Erfindung der jüngsten Familienpolitik.

Wie kam es dazu, dass als vereinbar erklärt wurde, was gegensätzlich ist: fremdbestimmt in Vollzeit arbeiten und dabei noch mehrere Kinder zu erziehen? Wer hatte den größten Nutzen davon? Und haben die Frauen davon profitiert, gleichzeitig an zwei Orten topfit auszusehen wie der Igel vor dem erstaunten Hasen. Doch die Igel waren zu zweit und der Hase, der am Ende vor Erschöpfung tot umfällt, war allein. Ein Märchen als Parabel.

Es begann in schlimmen Zeiten: Die Parole der Frauenbewegung im 19. Jahrhundert hieß »Befreiung durch Beruf«. Es war die Parole der bürgerlichen Frauen, die nicht zufällig ins Zeitalter der Industrialisierung fiel. Doch schon auf ihre proletarischen Leidensgenossinnen passte sie nicht. Während die proletarischen Frauen fremdbestimmt arbeiten mussten, ihre Kinder sich selbst überließen und trotz ihrer »Berufstätigkeit« verelendeten, war die Arbeit den bürgerlichen Frauen gesetzlich verboten. Der sogenannten Vereinbarkeit, also der Doppelbelastung durch Beruf und Haushalt, waren als erste die proletarischen Frauen ausgesetzt. Doch sie verdienten ein Drittel weniger als männliche Arbeiter, obwohl sie oft die gleichen schweren Tätigkeiten ausübten, sogar unter Tage. Das trieb viele arbeitende Frauen zusätzlich in die Prostitution. Die »Gleichstellung« der proletarischen Frauen mit den Männern war also ein Akt der Ausbeutung, während die »Gleichstellung« im bürgerlichen Lager ein Akt der Emanzipation war.

Die Frauenrechtlerinnen waren sich dieser Ungleichheit bewusst: Arbeitende bürgerliche Frauen übergaben Haushalt und Kindererziehung wiederum an Frauen der unteren Einkommensschichten, die mit dem Erlös aus dieser Arbeit kaum selbst ihre Familie ernähren konnten. Dieses System der »Nanny chain« erstreckt sich nun über fast die ganze Welt. Heute gibt es eine grenzüberschreitende Wanderung der Frauen, die in der sogenannten cooking-, cleaning- und caring-industry arbeiten und darüber ihre eigene Familie verlassen müssen. In fast allen Ländern funktioniert die Berufstätigkeit der Frauen der bürgerlichen Mittel- und Oberschicht auch durch die Unterstützung armer und weitgehend rechtloser weiblicher Hausangestellter. Auf dieser Basis ist für die einen vereinbar, was für die anderen niemals vereinbar sein wird.

Vom Arbeitsverbot der bürgerlichen Frauen, die materiell versorgt waren und sich der Pflege und Erziehung ihrer Kinder widmen durften, konnten die proletarischen Frauen nur träumen. Die gespaltene Wirklichkeit, in der der Beruf für Frauen je nach sozialer Herkunft Freiheit oder Ausbeutung war, spaltete zunächst die Arbeiterbewegung. Während der sozialdemokratische Arbeiterführer Ferdinand Lasalle die Arbeiterfrau aus humanitären Gründen an Heim und Herd wünschte, sahen Marx und Engels den Familienzerfall durch Frauenarbeit als Fehler der kapitalistischen Ordnung. Auch die proletarische und die bürgerliche Frauenbewegung zerstritten sich über diese Frage und fanden erst im Kampf um das Frauenwahlrecht 1918 wieder zusammen.

Wie zu Beginn der Industrialisierung waren nach dem Weltkrieg Arbeitskräfte rar. Die Gewährung des Frauenwahlrechts just zu diesem Zeitpunkt war sicher kein Zufall. Nicht nur in Deutschland, auch in England und den Vereinigten Staaten bekamen die Frauen nun Unterstützung aus der Industrie. Denn die rechtliche Gleichstellung der Frau war immer auch ein Mittel zu ihrer Verwertung auf dem Arbeitsmarkt. Bis heute wird die industrielle Produktion dorthin verlagert, wo billige Frauenarbeit zu haben ist, von der Schwäbischen Alb bis nach Bangladesh.

Die rechtliche Gleichstellung der Frau heißt also noch lange nicht, dass sie auch gerecht bezahlt wird. Und der individuelle Wunsch nach der Vereinbarkeit darf nicht vergessen machen, dass unsere Volkswirtschaften in immer größerem Maße auf Arbeitskräfte angewiesen sind. War in den 50er Jahren in der Regel das Einkommen des Mannes ausreichend, um eine Familie zu ernähren, müssen heute oft beide Elternteile arbeiten, um überleben zu können. Auch in Deutschland steigt die Zahl der Familien rapide, in denen beide Eltern eine Vollzeitstelle ausüben müssen, um den Lebensunterhalt zu verdienen. Väter und Mütter in einer solchen Situation sind zwar gleichgestellt, doch von Wahlfreiheit zwischen Kindern und Beruf kann hier keine Rede mehr sein.

Ein weiteres großes Problem der Vereinbarkeit ist der Familienzerfall: Nach einer Trennung, von der mittlerweile jede fünfte Familie in Deutschland betroffen ist, wird in der Regel die emotionale Einbindung zulasten des Vaters und die wirtschaftliche Absicherung zulasten der Mutter verhandelt. Was vorher arbeitsteilig zum Wohl der Familie funktionierte, gereicht ihr nun zum Nachteil. Die Hauptlast bleibt in der Regel an den Frauen hängen. Für diese Frauen wird die Vereinbarkeit dann zum Korsett, das sie auf Dauer erdrückt. Mehr als zwei Millionen Mütter in Deutschland gelten derzeit als kurbedürftig, die meisten von ihnen sind alleinerziehend. Das Müttergenesungswerk hat lange Wartelisten, und die Fallbeispiele lesen sich wie Berichte aus der Nachkriegszeit: die Frauen überarbeitet, die Männer weg.

Die Vereinbarkeitsapostel wiederum ignorieren, dass das Modell »Kinder und Karriere« möglich ist: und zwar in Familien. Stattdessen bürden sie alle Last den Frauen auf. Damit bleibt auch das Scheitern an ihnen hängen. Obwohl die getrennt lebenden und nichterziehenden Väter doch ebenso versagen. Ihnen entgleiten die Kinder emotional durch ihre Abwesenheit. Diese mangelhafte Verhandlung der emotionalen und finanziellen Absicherung der Eltern im Trennungsfall wurde durch die Düsseldorfer Tabelle fixiert. Sie ist eine Richtlinie zur Berechnung des Unterhalts nach einer Scheidung. Seit einem Urteil des Bundesgerichtshofes 2008 ist Alleinerziehenden nach dem dritten Lebensjahr des Kindes eine Vollzeitarbeit zumutbar. Begründet wurde die neue Rechtsprechung unter anderem mit der Gleichstellung der Frau. Doch die Betroffenen sind in der Regel die Frauen. Wie prekär ihre Situation wird, ist jeweils am Mikrozensus abzulesen. *»Etwa 60 Prozent der alleinerziehenden Mütter in Deutschland sind erwerbstätig. 58 Prozent der Mütter in Paarfamilien ebenfalls. Doch die Alleinerziehenden arbeiten zu 42 Prozent in Vollzeit. Die Paarmütter nur zu 27 Prozent. Alleinerziehende beziehen zu 41,6 Prozent Leistungen aus der Grundsicherung. Paare mit Kindern nur zu 8,7 Prozent. Alleinerziehende Mütter sind zu 36 Prozent armutsgefährdet, Paare mit Kindern nur zu 8 Prozent.«*

Die Familienpolitik muss daher dringend von ihren Pauschalisierungsmustern befreit werden. Die Lebenswirklichkeit von Eltern hat heute eine große Bandbreite. Doch anstatt die Erziehungsleistung alleinerziehender Mütter anzuerkennen und finanziell zu unterstützen, rutschen nun auch in Familien lebende Mütter ins Kreuzfeuer des Vereinbarkeitsdiktats. Durch die geplante Abschaffung des Ehegattensplittings und die daraus folgende Streichung der kostenlosen Mitversicherung nichterwerbstätiger Familienmitglieder in der gesetzlichen Krankenversicherung geraten auch diese Mütter zunehmend unter Druck. Sie sollen nun alles zugleich leisten, um im Fall einer Trennung abgesichert zu sein. Anstatt anzuerkennen, dass in Familien vereinbar ist, was für den Einzelnen eine Überforderung darstellt – eben wie im Märchen vom Igel und vom Hasen – , geraten Familien in den Verdacht,

Horte reaktionärer Rollenbilder zu sein. Die Familie wird nicht an ihrer Leistung, sondern an ihrem möglichen Scheitern gemessen. Die Erziehungsleistung von Eltern wird dabei abgewertet. In der Düsseldorfer Tabelle kommt der getrennt lebende und unterhaltspflichtige Vater nur noch als Zahlender vor. Dass auch von ihm eine Erziehungsleistung verlangt werden kann, ist nicht wichtig. Statt einer Betreuungspflicht für getrennt lebende Väter trifft die Pflicht zur Vollzeit-Arbeit in den meisten Fällen die alleinerziehenden Mütter. Für den abwesenden Vater springt der Staat ein. Im Urteil des BGH hieß es, staatliche Betreuung sei gleichwertig mit der Betreuung durch die Eltern. Also muss der getrennt lebende Vater nur arbeiten, während die Mutter arbeiten und erziehen muss, da die Kinder in der Regel bei ihr leben. Eine prekäre Folge vermeintlich konsequenter Gleichstellungspolitik.

Wie weit Gleichstellung und Emanzipation auseinanderliegen können, zeigt eindringlich die Rolle der Frauen in der Deutschen Demokratischen Republik. Hier galten Kinder und Beruf als vereinbar. Bis heute wird verklärt, was brutale Praxis im Alltag war. In der Regel mussten die Mütter nach wenigen Wochen an den Arbeitsplatz zurückkehren. In der Verfassung der DDR war die Pflicht zur Arbeit festgeschrieben. Da im sozialistischen Musterland unproduktiv gewirtschaftet wurde, mussten weibliche Werktätige her, um das Plansoll zu erfüllen. Flächendeckend wurde daher eine Infrastruktur an Krippen und Kindertagesstätten aufgebaut. In Wochenkrippen konnten die Kinder sogar von Montag bis Freitag abgegeben werden. Eine Wahlfreiheit gab es nur für wenige. Weibliche Karrieren jedoch waren im Sozialismus nicht vorgesehen. Da die meisten Frauen arbeiteten, wurde über eine Quote nicht diskutiert. Doch in den Chefetagen der Kombinate, VEBs und LPGs, in den Leitungen der Redaktionen, Ministerien, in Politbüro und Staatssicherheit waren Frauen keineswegs in einem Verhältnis vertreten, der ihren Anteil am Erwerbsleben widergespiegelt hätte. Gleichstellung hieß auch hier Verwertung der Arbeitskraft und nicht Emanzipation. Vereinbar war, was vereinbar sein sollte. Die meisten Machtpositionen blieben Männern vorbehalten, wie in der Bundesrepublik. Doch der Preis für die Frauen in der DDR war die Fremdbetreuung und Indoktrinierung der Kinder in Krippen, Kindertagesstätten, Schulen und Pionierlagern. Als wegweisend für die Vereinbarkeit sollten gerade Feministinnen dieses Vorbild lieber meiden.

Das Beispiel der DDR zeigt auch, wie wichtig es ist, die Privatsphäre von Familien vor staatlichem Einfluss zu schützen. Ausgerechnet christdemokratische Politikerinnen überschlagen sich derzeit aber in Vorschlägen, wie sich Familien bürokratisieren lassen. Die rheinland-pfälzische Oppositionsführerin Julia Klöckner (CDU) etwa schlug vor, Familienzentren mit Familienlotsen zur Beratung einzuführen. Ihre Kollegin Kristina Schröder will berufstätigen Müttern sogar staatlich bezuschusste Putzhilfen zur Verfügung stellen. Als wären wir zu blöd, unseren Alltag selbst zu organisieren. Klöckner sprach von einem »Wohlfühl-Faktor« für Familien – als seien diese Wellness-Oasen. All diese gut gemeinten Vorschläge führen letztlich zu einer Entmündigung von Müttern, wie sie am Beispiel von Migrantinnen vorwiegend türkisch-arabischer Herkunft schon Common Sense ist. Hier ist sich die Politik einig, dass es für deren Kinder am besten ist, so früh wie möglich in den Genuss einer Kinderkrippe zu kommen. Doch niemand hat die Mütter nach ihrer Meinung gefragt, welches Familienmodell sie leben und ob es für sie ein Wert ist, Kleinkinder in staatliche Obhut zu geben. Obwohl niemand mit ihnen gesprochen hat, scheint festzustehen, was gut für sie ist.

Auch das sogenannte demografisch-ökonomische Paradoxon, nach dem mit steigendem Wohlstand und steigender Bildung weniger Kinder geboren werden, spricht gegen die steile These der maximalen Vereinbarkeit. Am Beispiel der Familienplanung von Migrantinnen osteuropäischer und türkischer Herkunft in Deutschland hat die Bundeszentrale für gesundheitliche Aufklärung in einer Städtestudie aus dem Jahr 2010 herausgefunden, dass deren Kinderzahl mit steigendem Bildungsgrad und steigender Berufstätigkeit sinkt. So haben türkische Migrantinnen der ersten Generation den niedrigsten Bildungsstand, aber 2,4 Kinder. Die osteuropäischen Zuwanderer sind besser ausgebildet und bekommen im Schnitt 1,8 Kinder. Laut Studie gilt für diese Frauen: Bildung und Beruf verschieben die Familiengründung zeitlich nach hinten.

Diese Entwicklung gilt aber nicht nur für zugewanderte Frauen. Bevölkerungsforscher machen schon lange auf den Zusammenhang zwischen der stetig wachsenden Frauenerwerbsquote in Westeuropa seit den 70er Jahren und einem deutlichen Fertilitätsrückgang aufmerksam. Die Theorie des demografisch-ökonomischen Paradoxons lautet, dass die steigende Frauenerwerbsquote zum Wachstum in Europa beigetragen, gleichzeitig aber den demografischen Niedergang ausgelöst habe. Auch für Deutschland scheint diese Theorie zuzutreffen: Während die Frauenerwerbsquote mit 71,8 Prozent im Jahr 2011 die höchste in Europa war, ist die Fertilitätsrate von 1,34 Prozent die niedrigste innerhalb der EU.

Doch das Rechnen mit Frauenerwerbsquoten und Fertilitätsraten sind ökonomische Steuerungsversuche, die wenig Aufschluss über die tatsächliche Befindlichkeit von Familien geben. Auch die sogenannte Vereinbarkeit gehört dringend auf den Prüfstand. Denn was soll es bedeuten, dass Frauen beides haben sollen, also Kinder und Karriere. Den Plural von Kind und das Maximum von Beruf. Können Frauen alles haben? Haben denn Männer alles? Oder sollen Frauen mehr haben als Männer? Und wie geht das? In den Vereinigten Staaten ist diese Debatte durch einen Essay der Politikwissenschaftlerin Anne-Marie Slaughter neu entfacht worden. Slaughter, Jahrgang 1958, eine renommierte Professorin mit Harvard-Abschluss und Oxford-Promotion, ist nach zwei Jahren als Leiterin von Hillary Clintons Planungsstab im Außenministerium freiwillig ausgeschieden. Aus einem Job, den vor ihr noch keine Frau innehatte. Sie meinte, sich als Feministin dafür öffentlich rechtfertigen zu müssen und schrieb im Juni 2012 unter dem Titel »Why women still can't have it all« (Warum Frauen immer noch nicht alles haben können) einen Essay im Magazin »Atlantic«. Als Grund für ihr Ausscheiden gab sie an, ihrer beiden pubertierenden Söhne wegen gehandelt zu haben. Die Schuld aber gibt sie unter anderem dem Feminismus, der Frauen ihrer Generation immer suggeriert habe, es gäbe eine Work-Live-Balance und es sei nur eine Frage des Wollens, Arbeit und Beruf zu vereinbaren, also alles haben zu können.

Dabei hat Slaughter beides vereinbart, denn sie ist auf ihre Professoren-Stelle in Princeton zurückgekehrt. Offensichtlich ist sie aber dem vermeintlichen Versprechen aufgesessen, eine Top-Karriere mit der Erziehung ihrer beiden Söhne verbinden zu können, ohne sich zu fragen, ob es überhaupt Männer gibt, denen das gelungen ist. So gesehen ist sie natürlich Opfer des Systems. Die besondere Freiheit der Frau Slaughter besteht dagegen darin, übergeordnete Gründe für ihren Rückzug zu finden. Wenn ein Mann aus privaten Gründen aus der Politik lieber in ruhigeres Fahrwasser abtauchen will, findet er kaum öffentliche Rechtfertigungsstrategien. Es wird ihm schlicht als Schwäche ausgelegt. Das zu ändern, könnte auch eine Aufgabe für Feministen sein.

Eine echte Durchstarterin ist dagegen die Facebook-Managerin Sheryl Sandberg. Sie kann auf eine ungemein erfolgreiche Karriere bei Google zurückblicken, ihre Zeit bei Facebook ist nur getrübt vom verpatzten Börsengang, sie hat zwei Kinder und einen ebenfalls sehr erfolgreichen Mann. Sheryl Sandberg has it all! Doch ausgerechnet sie sagt nun in ihrem Erfolgsbuch »Lean in – Frauen und der Wille zum Erfolg«, es sei ein Mythos, alles haben zu können. Anders als Slaughter jammert Sandberg nicht. Sie ist im Gegenteil auf abschreckende Weise ehrlich. Denn sie beschreibt den Preis, der für Erfolg zu zahlen ist. Und der geht voll zulasten der Kinder. Auch für sie gilt »Lean in«, auch die Kinder müssen sich für den Erfolg der Mama »reinhängen«: Kranksein, Klammern, Trödeln ist in einer Lean-In-Kindheit nicht angesagt. Denn eine Erfolgsfrau wie Sandberg duldet erstaunlicherweise keinen Mann an ihrer Seite, der ihr die Kindererziehung abnehmen würde. Auch der Mann soll selbstverständlich erfolgreich sein. Sandberg will wirklich alles. Aber sie kann nicht alles selber machen. Auch wenn der Part der Kinderbetreuung an ihr und ihrer »Betreuungsinfrastruktur« hängen bleibt. In keinem Buch eines erfolgreichen männlichen Managers wird Kindern zugemutet, was Sandberg beschreibt.

Die Facebook-Frau erzählt also, wie sie angeblich noch am Tag der Geburt ihres ersten Kindes im Krankenhaus ihre Mails checkt. Sie arbeitet angeblich durch, ohne Babypause. Die nächsten Meetings werden angeblich auf verschiedene Gebäude verteilt, damit niemand merkt, wie viele Stunden sie anwesend ist. Sandberg berichtet von einer ebenfalls erfolgreichen Frau, die ihre Kinder immer in Schulklamotten ins Bett bringt, um morgens eine Viertelstunde zu sparen. Als Sandbergs Kinder einmal Läuse hatten, sei sie vollkommen ausgerastet, weil es nicht ins Zeitfenster passte, schnell die Läuse zu entsorgen. Und eine junge Kollegin, die ebenfalls kurz nach der Entbindung wieder einem Meeting beiwohnte, sei immer heimlich auf die Toilette gegangen, wo ihre Mutter mit dem Baby wartete, damit sie es schnell stillen konnte. Ob diese abschreckende Ehrlichkeit der Wahrheit entspricht, mag man gern Sandbergs Ghostwriter fragen, die dem Buch noch ein wissenschaftliches Register wie aus einem feministischen Proseminar angehängt haben. Aber um die Wahrheit geht es selten, wenn erfolgreiche Frauen über die Vereinbarkeit reden. Alles ist Kalkül.

Seit Erscheinen ihres Buchs nennt Sandberg sich eine Feministin. Und wird reflexhaft von Alice Schwarzer dafür gelobt. Es ist der Gipfel weiblicher Naivität, eine durch und durch effizienzgesteuerte Kapitalistin als Feministin durchgehen zu lassen! Denn Sandbergs Buch ist alles andere als Feminismus, es ist das kluge, aber durchschaubare Marketing einer Facebook-Managerin, aus dem eine Bewegung werden soll. Am Ende des think-positive-Traktats heißt es denn auch: *»Schließen Sie sich der Lean In Community an und diskutieren Sie weiter unter: www.facebook.com/leaninorg.*« Natürlich stiftet die Autorin alle Honorare der gemeinnützigen Organisation »Lean In«, die

Frauen dabei unterstützt, »sich reinzuhängen«. Es ist die Geburt des Facebook-Feminismus, einer weiteren Verwurstungs-Strategie weiblicher Arbeitskraft. Prompt postete eine Lean-In-Redakteurin auf ihrer Seite auch eine unbezahlte Praktikantinnen-Stelle. Und zwar in New York. In ihrem Buch dagegen hatte Sandberg Frauen noch geraten, ihr Gehalt nachzuverhandeln und sich nicht unterbuttern zu lassen. Für diesen Fehltritt bekam Sandberg einen Aufschrei. »Lean in and get me a coffee« – »Häng dich rein und bring mir einen Kaffee«, spottete eine Userin. Mädchen dürfen an Prinzessin Lillifee glauben und Gleichstellungsfeministinnen daran, dass eine Sheryl Sandberg die Welt für Frauen besser macht.

Der Feminismus sollte sich außerordentlich kritisch mit diesen vermeintlichen Rundum-Vereinbarkeits-Erfolgen auseinandersetzten. Letztlich nämlich erhöhen Bücher wie die von Sandberg den Druck auf Frauen, ihrem Muster zu folgen. Geht doch!, sagen die Arbeitgeber. Man muss das nur wollen. In Deutschland etwa hört man aus dem Arbeitgeberverband BDA schon die Forderung, Mütter sollten nach sechs Monaten wieder an den Arbeitsplatz zurückkehren. Die Frage ist nur: Wollen Frauen das? Und welchen Preis zahlen die Kinder dafür? Außerdem müssen sich gerade Feministinnen trauen, offen zu sagen, dass es immer Top-Jobs geben wird, die sich nicht mit der Erziehung von Kindern vereinbaren lassen, egal ob Männer oder Frauen sie ausüben. Mit dem Geschlecht hat das herzlich wenig zu tun. Und den Feminismus trifft hier keine Schuld. Vereinbarkeit ist schließlich auch eine Frage von Entscheidungen. In der Politik und im Feminismus kann es nur darum gehen, diese Entscheidungen möglich zu machen.

Denn in Deutschland ist es bisher so: Vor allem die Frauen, die Vollzeit arbeiten, können nach einer Schwangerschaft auf eine Teilzeitstelle hoffen. Wer sich als Mutter nach längerer Kinderpause auf eine solche bewirbt, kann darauf lange warten. So gesehen ist die viel gepriesene Vereinbarkeit derzeit mehr ein Opfer, das Mütter zu erbringen haben, als ein Angebot der Arbeitgeber. Sie ist Augenwischerei. Grundsätzlich sollten wir aus dem Wort »Vereinbarkeit« daher ein Verb machen. Denn wir wollen etwas vereinbaren. Das wird zugunsten der einen und zulasten der anderen Seite ausgehen, eben so, wie wir unsere Schwerpunkte setzen. Wann und wie lange wir uns dabei unseren Kindern oder unserer Arbeit zuwenden, muss uns selbst überlassen bleiben.

Dazu brauchen wir andere Maßstäbe: Ist denn die Höhe der Erwerbsbeteiligung von Frauen wirklich ein geeigneter Wert, um Aussagen über die Vereinbarkeit zu treffen? Oder ist es die Anzahl der Väter in Elternzeit? Oder die Zahl der abgegebenen Kinder? Ist nicht auch die Festlegung von Mutterschaft auf Akademikerinnen ein großer Irrtum? Besser wäre es doch, Kinder aus allen Bereichen der Gesellschaft zu fördern, egal, welche Ausbildung ihre Mütter haben. Denn Vereinbarkeit hat wenig mit der

Gleichstellung weiblicher und männlicher Erwerbsbiografien und der Vorgabe von vermeintlich progressiven Lebensmodellen zu tun. Um echte Vereinbarungen treffen zu können, brauchen wir vor allem die Freiheit, sie auch treffen zu dürfen.

3 Muttertier oder Das umgekehrte Tabu

»Der Fötus ist ein Teil ihres Körpers,
und er ist ein Parasit, der von ihr zehrt.«

Simone de Beauvoir

Die Mutter ist die größte Ungerechtigkeit im Leben eines Menschen. Weil kein Mensch sich seine Mutter aussuchen kann. Aber nicht nur das. Mutterschaft gilt nun auch als größte Ungerechtigkeit im Leben eines Mannes. In einem kleinen nordeuropäischen Land wird daher der Begriff »schwangere Frau« aus allen Gesetzestexten getilgt. Er gilt als diskriminierend. Weil Männer damit nicht gemeint sind. Genauer gesagt Frauen, die als Männer leben wollen. Diese Frau-zu-Mann-Transsexuellen mussten sich bisher die Eileiter durchtrennen lassen, damit sie nicht schwanger werden konnten. Nur so wurde ihre Umwandlung zum Mann als neuer Personenstand offiziell anerkannt. Nun dürfen sie Kinder gebären. Um sie nicht auszuschließen, heißen die Träger einer Gebärmutter nun offiziell nicht mehr »schwangere Frau«, sondern »schwangere Person«. Sprachlich ist damit das Frausein vom Kinderkriegen entkoppelt, das Gebärmonopol für Mütter aufgehoben. Als diskriminierend wurde nicht nur die fürchterliche

Praxis der Zwangssterilisation endgültig abgeschafft. Die Exklusivität von Mutterschaft für Frauen schien mindestens ebenso schlimm. Nun kriegen auch »Väter« Kinder aus dem eigenen Bauch, obwohl es sich dabei nicht um eine biologische Sensation handelt, sondern um die Sensation der Definition. Wir schreiben das Jahr 2013 in Schweden.

Geschlechtergerechtes Gebären wird auch anderswo empfohlen. In den Vereinigten Staaten ist gerade das Buch »What Makes a Baby« des kanadischen Sexual-Erziehers und Sex-Store-Gründers Cory Silverberg erschienen. Es wendet sich an Kinder aus Regenbogenfamilien. Das Wort »Mutter« kommt darin nicht vor. Es ist ja ein ungerechtes Wort. Und so wird versucht, kleinen Kindern den Vorgang ihrer Entstehung ohne diese anstößige Vokabel zu erklären: *»Nicht in allen Körpern sind Eier«*, heißt es da. *»Manche haben Eier, manche keine.«* Geschlechtergerecht geht es weiter: *»Nicht alle Körper haben Sperma. Manche haben es, manche nicht.«* Da der Liebesakt ausbleibt, wird das Buch auch nicht peinlich. Es bleibt abstrakt wie ein Kochrezept: *»Wenn Erwachsene ein Baby machen wollen, brauchen sie Eier aus einem Körper und Sperma aus einem anderen. Sie brauchen auch einen Ort, an dem das Baby wachsen kann.«* Hier ist die Mutter nicht mal mehr eine »schwangere Person«, sie ist ein »Ort« geworden, eine reine Brutstätte. Das Buch ist comicartig abstrakt illustriert mit bunten bewegten Bildern. Auf einem Bild sieht man auch ein Kind in der Gebärmutter. Eingebettet ist es in eine riesige gelbe Masse, die von links ins Bild wabert. Ein menschlicher Bauch jedenfalls ist das nicht. In der queeren Welt ist dieser Versuch einer laut Werbetext »sozialgerechten Sexualkunde« ein Hoffnungsschimmer. Die Frage nach der technischen Reproduzierbarkeit menschlichen Lebens wird damit von einer ethischen Streitfrage zum Gebot der Ethik uminterpretiert. Auf die viel tiefschürfendere Kinderfrage »Woher komme ich?« will das Buch keine Antwort geben. Damit wird die biologische Elternschaft zum neuen Tabu. Sie gilt als ungerecht, weil nicht alle Kinder bei ihren biologischen Eltern leben. Das genügt dem Sexual-Erzieher Silverberg als moralisches Argument, die Entstehung des Lebens auf die kleinsten gemeinsamen Nenner zu reduzieren: Eizelle, Samen und Brutstätte.

Der französische Schriftsteller Michel Houellebecq hat vor diesem Hintergrund versucht darzulegen, dass der Zukunftsroman »Schöne neue Welt« von Aldous Huxley gar keine Dystopie, also negative Utopie, war. Huxley habe vielmehr ein sexuell gerechtes Utopia entworfen. Hier werden Embryonen in den staatlichen Brut- und Aufzuchtstationen gleich in Flaschenbäuchen ausgebrütet. Es ist die ultimative Befreiung der Frau. Das Wort »Mutter« gilt als Beleidigung. Ansonsten braucht man es im neuen Weltstaat nicht mehr. Huxley lässt den Weltaufsichtsrat für Westeuropa vor fassungslosen jungen Zuhörern dozieren: *»Die Mutter, diese Wahnwitzige, säugte ihre Kinder, ihre eigenen Kinder, wie eine Katze ihre Jungen, aber* *wie eine Katze, die sprechen kann, die ohne Unterlass ›Mein Kleines, mein Süßes‹ sagen kann. ›Mein Baby da an der Brust mit seinen Patschhändchen, und welchen Hunger es hat, und dieses unsägliche, peinigende Lustgefühl!‹«* Seinen Studenten graut es vor dem unflätigen, peinlichen Wort »Mutter«. Familienzugehörigkeit gibt es nicht mehr. Das Motto im Weltstaat heißt: *»Jeder ist seines Nächsten Eigentum«*. Privates wie exklusive Liebe und Fürsorge gilt als ungerecht und unsozial. Der Weltaufsichtsrat weiß auch: *»Ein Heim, ein trautes Heim: ein paar enge Räume, zum Ersticken vollgepfropft mit Bewohnern, als da waren: ein Mann, ein in regelmäßigen Abständen trächtiges Weib, eine Horde Jungen und Mädchen aller Altersstufen. Keine Luft, kein Platz: ein verseuchter Kerker; Finsternis, Krankheit, Gestank.«* Das atavistische Zusammenleben von Familien und die natürliche Fortpflanzung können in Huxleys schöner und gerechter Zukunftswelt nur noch im Indianerreservat beobachtet werden.

Niemand hat über diese peinlichen historischen Tatsachen genauer Rechenschaft abgelegt als die französische Existenzialistin Simone de Beauvoir. Das Kapitel in ihrem Bestseller »Das andere Geschlecht« aus dem Jahr 1949 heißt schlicht »Die Mutter«. De Beauvoir schreibt: *»Bei der werdenden Mutter indes hebt sich der Gegensatz zwischen Subjekt und Objekt auf. Sie bildet mit dem Kind, das ihren Leib anschwellen lässt, ein zweideutiges Paar, das vom Leben überflutet wird. In den Fängen der Natur, ist sie Pflanze und Tier, eine Kolloidreserve, eine Bruthenne, ein Ei.*

Sie erschreckt die Kinder durch den Kontrast zu deren selbstsüchtigen kleinen Körpern, und die jungen Leute treiben ihren Spott mit ihr, weil sie, ein menschliches Wesen, das Bewusstsein und Freiheit ist, zum passiven Werkzeug des Lebens geworden ist.«

De Beauvoir, die nie Mutter geworden ist, beschreibt hier die Mutter als Tier. Als Muttertier, dem sie den Verstand abspricht und damit ihr Menschsein. Der Feminismus der sogenannten zweiten Welle, dessen Gründungsmanifest dieses Buch ist, hat sich von diesem Bild stark beeinflussen lassen. Für die Frau, die Mutter wird, scheint alles verloren. Nie wieder kann sie den Subjekt-Status zurückerlangen, den in den Augen de Beauvoirs allein der Mann hat – oder die Frau, wenn sie sich dem Mann so weit wie möglich angleicht. Diese Haltung hat Alice Schwarzer, die de Beauvoir für das deutsche Publikum entdeckt und übersetzt hat, in die Jetzt-Zeit gerettet.

De Beauvoir hat für ihr Kapitel über die Mutter medizinische Fallstudien, gesellschaftliche Debatten und die Frauen-Literatur ihrer Zeit rezipiert. Der Blick auf die Umstände war in der Tat verheerend: In den Dreißigerjahren war die Zahl der Abtreibungen in Frankreich etwa gleichauf mit der Geburtenrate. Die Schätzungen schwankten zwischen einer halben und einer Million Abtreibungen jährlich. In Paris lieferte man wöchentlich zwei Abtreibungsleichen in die Gerichtsmedizin ein. Abtreibende Mütter und Ärzte bestrafte die Justiz härter als

Eltern, die ihre Kinder zu Tode prügelten oder verhungern ließen. Die Frau war dem Gebären unterworfen. Durch die hohe Kindersterblichkeit konnte sie ihre Kinder häufig nicht einmal behalten. Die Angst vor ungewollter Empfängnis und die Vielzahl von Geburten zerstörte oftmals nicht nur das Verhältnis zu ihren Kindern, sondern auch ihr sexuelles Empfinden, ihr Körpergefühl und ihre Gesundheit. Die soziale Lage bestimmte den Grad des Leidens.

Doch Simone de Beauvoir zog daraus eine falsche Schlussfolgerung. Für sie war nun klar, dass Mutterschaft an sich eine Pein war, ein grundsätzlich fremdbestimmtes Dasein, ein Element, das im Leben einer Frau keinen Sinn stiften konnte. Einer männlichen Vorgabe folgend, nämlich der ihres Lebensgefährten Jean-Paul Sartre, konnte es eine weibliche »Essenz«, also eine biologische oder göttliche Sinnstiftung nicht geben. Die »Existenz« der Frau war für de Beauvoir vielmehr ein soziales Konstrukt. Die Tatsache der Mutterschaft, die auch damals nicht in allen Fällen eine erzwungene war, passte schlecht in dieses (männliche) Denkgerüst. Und wurde passend gemacht: *»Entfremdet in ihrem Körper und in ihrer gesellschaftlichen Würde, hegt die Mutter die beruhigende Illusion, sich als ein Sein an sich, als einen festen Wert zu fühlen. Aber das ist nur eine Illusion. Denn sie macht das Kind nicht wirklich: es entsteht in ihr. Ihr Fleisch erzeugt nur Fleisch: es ist außerstande, eine Existenz zu begründen, die sich selbst begründen muss.«*

In sich selbst begründet war nach de Beauvoir einzig die Subjektivität des Mannes, der sich durch seine Taten wie ein Phönix aus der Asche selbst schuf. Nur dem Mann war so das Mitwirken am öffentlichen Leben vergönnt, während die Frau durch ihre Fruchtbarkeit und die Verpflichtung zur Fürsorge für die Kinder an das häusliche Leben gefesselt war. Das Tabu für Frauen war die Teilhabe in Politik und Wirtschaft, der Grund dafür nach de Beauvoir die Mutterschaft. Zwar kritisierte sie sehr eindringlich viele der Umstände, unter denen schwangere Frauen verschiedener Schichten unvorstellbare Qualen zu leiden hatten. Ebenso geißelte sie den bigotten Moralkodex ihrer Zeit. Doch aus intellektueller Eitelkeit opferte die Autorin ihre Recherchen einem philosophischen Konstrukt. Gefangen in ihrer existenzialistischen Sicht richtete sich ihr Generalverdacht weniger gegen die Umstände als gegen Mutterschaft an sich. Eine Interpretation, die die feministische Debatte bis heute prägt. Und ein neues Tabu begründet hat.

Für Frauen in der westlichen Welt haben sich die Umstände heute grundlegend gewandelt. Gleichberechtigung, moderne Verhütungsmethoden, Legalisierung von Abtreibung und der medizinische Fortschritt in Geburtshilfe und Kinderheilkunde ermöglichen Frauen seit einem halben Jahrhundert die Mitwirkung am öffentlichen Leben in einem bisher unbekannten Ausmaß. Mit einer erstaunlichen Tendenz: Das Tabu hat sich umgekehrt. Nicht mehr die Teilhabe ist tabuisiert, sondern in zunehmendem Maße die Mutterschaft. Obwohl die Umstände, unter denen Frauen heute in der westlichen Welt Kinder gebären, nie günstiger waren. Geblieben ist ihnen offenbar eine tief verwurzelte Angst, jemals wieder in die alte Abhängigkeit zu geraten.

In einer Studie der Frauenzeitschrift *Brigitte* aus dem Jahr 2008 wurden junge Frauen gefragt, welcher Frauentyp unser Land prägen werde. 75 Prozent der befragten jungen Frauen nannten die Karrierefrau, nur 25 Prozent die Mutter. Obwohl die Macherinnen der Brigitte-Studie endlich Schluss mit dem Entweder-oder machen wollten, war das doch eine versteckte Entweder-oder-Frage. Mit einem klaren Votum für Teilhabe und gegen Mutterschaft. (Es wäre allerdings interessant zu erfahren, ob sich das Votum derselben Frauen fünf Jahre später verändert hat.) Und ein Indiz dafür, dass sowohl Befrager wie Befragte Mutterschaft als Hindernis für die Karriere betrachten. Wieder sind es offensichtlich nicht die Umstände, die dieses neue Tabu begründen, die Schuld wird wie bei de Beauvoir in der Mutterschaft gesucht. Auch dem neuen Tabu liegt das alte Feindbild zugrunde. Das Opfer soll gleichzeitig der Täter sein. Man hört es damals wie heute raunen: *»Wärest du doch nicht Mutter geworden, es wäre so viel einfacher.«*

Die Angst vor einem Rückfall in alte Daseinsmuster findet ihren Widerhall bis heute in der Frauenliteratur. Vor de Beauvoirs Kampfschrift war es das Verdienst männlicher Schriftsteller wie Theodor Fontane, Gustave Flaubert und

Ödön von Horváth, die gesellschaftliche Entfremdung zwischen Müttern und ihren Kindern darzustellen. In der männlichen Sicht waren immer die Umstände entscheidend. Horváths Marianne in »Geschichten aus dem Wienerwald« ist der Prototyp einer Mutter, die aus Liebe zu ihrem Kind gegen alle Konventionen verstößt und sich damit selbst ins Abseits stellt. Sie verschmäht den wohlhabenden Kleinbürger Oskar und verliebt sich in den Halodri Albert. Von ihm möchte sie ein Kind. Doch Albert wird die Kleinfamilie zu anstrengend. Das uneheliche Kind wird bei seiner Großmutter untergebracht. Marianne, die nichts gelernt hat, muss nun allein für den Lebensunterhalt aufkommen und prostituiert sich. In ihrer Verzweiflung geht sie zum Pfarrer. Horváths Beichtdialog ist eines der bewegendsten literarischen Dokumente über die Zwangslage von Frauen:

Beichtvater: *Du bereust es also, dass du es hast töten wollen?*
Marianne: *Ja.*
Beichtvater: *Und auch, dass du mit jenem entmenschten Subjekt in wilder Ehe zusammenlebst?*
(Stille)
Marianne: *Ich dachte mal, ich hätte den Mann gefunden, der mich ganz und gar ausfüllt.* –
Beichtvater: *Bereust du es?*
(Stille)
Marianne: *Ja.*
Beichtvater: *Und dass du dein Kind im Zustand der Todsünde empfangen und geboren hast – bereust du das?*

(Stille)
Marianne: *Nein. Das kann man doch nicht –*
Beichtvater: *Was sprichst du da?*
Marianne: *Es ist doch immerhin mein Kind –*
Beichtvater: *Aber du –*
Marianne (unterbricht ihn): *Nein, das tu ich nicht. –Nein, davor hab ich direkt Angst, dass ich es bereuen könnt. –Nein, ich bin sogar glücklich, dass ich es hab, sehr glücklich –*
(Stille)
Beichtvater: *Wenn du nicht bereuen kannst, was willst du dann von deinem Herrgott?*

Die Gesellschaft fordert von der in Not geratenen Mutter Reue. Also die Negierung ihres Kindes, etwas, das fast unmöglich ist. Man kann den Herrgott ruhig weglassen, die Mechanismen funktionieren auch ohne ihn. Marianne ist umgeben von Menschen, die ihr helfen könnten, wären sie nicht mit brutaler Dummheit geschlagen. Am Ende stirbt das Kind. Alberts Großmutter lässt es im Luftzug am offenen Fenster liegen, weil sie die Schande eines unehelichen Enkels nicht erträgt. Das Kind stört die gesellschaftlichen Konventionen der Zeit. Das Liebesverlangen der Mutter wird als anarchischer, schmutziger Akt abgestraft. Sie ist in die Hormonfalle getappt. Sünderin ist die Mutter, alle Schmach bleibt an ihr hängen.

Nach dieser (männlichen, Horváthschen) Empathie für das Leiden von Müttern kann man in der Frauenliteratur lange suchen. Seit de Beauvoir finden sich dort eher Abwehrreflexe. Anstatt die Zwänge zu beschreiben, die ihr Leben einschränken, werden die Mütter selbst zu Schuldigen ihrer Misere. Diese Art der Deutung bestimmt heute sehr stark das feministische Urteil. Auffallend viele Titel setzen sich kritisch mit Mutterschaft auseinander, von akademischen Abhandlungen bis zu derben Pamphleten.

Die Gemeinheit von Horváths Personal aus dem Wiener VIII. Bezirk findet sich in fast gleicher Tonlage im Buch der taz-Redakteurin Anja Maier wieder: »Lassen Sie mich durch, ich bin Mutter. Von Edel-Eltern und ihren Bestimmer-Kindern.« Nur ist dieses Buch keine Literatur. Es ist blanke Missgunst. Man kann das sogar Anti-Feminismus nennen, obwohl das Buch im Regal für Frauenliteratur steht. In Kapiteln wie »Mehr Raum für Schwabenkinder« oder »Sexymama oder Schwanger sein, geil aussehen« beschreibt Maier ganz offen den Ursprung ihrer Abneigung. Es ist Neid. Ein Neid, der aufgewertet wird, indem sich Maier zu den Ausgestoßenen dieser Gesellschaft zählt. Als wäre sie in die Rolle von Horváths eifersüchtiger und alternder Trafikantin Valerie geschlüpft. Die Autorin beschreibt ihre Gefühle beim Anblick junger schwangerer Frauen: *»Ihre dicken Plauzen mit den Bauchnabelstöpseln ragen horizontal ins Straßenbild, obendrauf lagern üppige Brüste, eng geschnürt. Ich bin unsicher, wie ich das finden soll. Einerseits ist es wirklich gut, dass Frauen ihre Bäuche so selbstbewusst zeigen; andererseits hat dieses Ausgestellte einen heteronormativen, aggressiven Hautgout, als sei das hier so* *was wie Krieg in den Straßen.«* Doch keine der beschimpften Schwangeren hat ihren koffeinfreien Macchiato über dem Kopf der Autorin ausgekippt, in dem allein dieser Krieg stattfindet. Maier fährt fort: *»Verloren hat, wer gerade nicht im Babygeschäft unterwegs ist – also Kinderlose, Lesben, alte Frauen wie ich.«* Das ist eine erstaunliche Ansicht für eine Autorin, die selbst mehrfache Mutter ist. Von Solidarität mit Frauen, die im fragilsten Zustand ihres Lebens sind, findet sich im Buch keine Spur. Es wird sogar noch ärger.

Ungebrochen durch jede Reflexion dokumentiert die Autorin die Hasstirade einer Berliner Wirtin aus Prenzlauer Berg. Das klingt dann so: *»Gucken se, da draußen, schon wieder zwei Rinder. Wie die aussehen! Man könnte würgen, wer geht denn über so wat noch drüber? Friseur? Braucht so eine nicht.«* Zum Stillen holen die »Rinder« dann natürlich die »Euter« raus. Sie haben auch keine Kinder, sondern »Blagen« oder »Bälger«. Auch die Wirtin platzt vor Neid: auf die Ehemänner, das Einkommen, die Familien-Kombis, die Fürsorge für die Kinder, alternative Lebenskonzepte. Denn auch diese Wirtin ist mehrfache Mutter. Man muss keine Psychoanalytikerin sein, um unter diesem Neid die Trauer um verpasste Lebenschancen zu sehen. Doch statt Erkenntnis darf die Autorin ihre Hetze auch auf Einladung der Linkspartei vortragen. Da fallen dann Sätze wie: *»Meine Tochter ist Ost-Hebamme und bringt West-Designerkinder zur Welt.«* Das alles wäre weniger schlimm, würden im ehemaligen Osten Berlins nicht an jeder Ecke Haßparolen prangen, die zum Töten von Yuppies und Schwaben aufrufen. Das sind in Berlin die mit den Kindern. Denen darf man auch die Kinderwagen anzünden. Und sogar mit alten Nazi-Parolen werben. Statt »Deutsche, wehrt euch« heißt das dann »Berliner, wehrt euch«. Unter anderem gegen Mütter, wenn sie zu selbstbewusst rüberkommen.

Anja Maiers Buch ist in der *taz* als Vorabdruck erschienen. In einer Zeitung, die sich das Wort Anti-Diskriminierung auf ihre Fahnen geschrieben hat. Es wäre eine Frage wert, ob die Redaktion das auch gebracht hätte, wenn die Autorin das Wort »Mütter« (wahlweise »Kühe«, »Rinder«) durch das Wort »Ausländer« ersetzt hätte. Mütter darf man ruhig beschimpfen, Ausländer nur, wenn sie Schwaben oder Schwabenmütter sind. Solidarität unter Frauen oder schlicht Menschlichkeit sucht man hier vergebens. Leider kann man daraus nur folgern, was die schlimmste Befürchtung jeder Feministin ist, dass nämlich der ärgste Feind der Frau immer noch die Frau ist.

Mütterbeschimpfung funktioniert aber auch umgekehrt gut. Während Maier aus der Proleten-Perspektive ein urbanes Bürgertum herabwürdigt, gibt es fast noch häufiger den durch die Supernanny geschulten angewiderten bürgerlichen Blick auf vermeintliche Proletenmütter. Wie gut sich das verkauft, zeigt der Bestseller »Schantall, tu ma die Omma winken!«. Aus der Perspektive eines Sozialarbeiters beschreibt der Autor Kai Twilfer mit einer gehörigen Portion Voyeurismus den Alltag der jungen Mutter Chantal mit ihrem Sohn Justin. Auch hier soll lustig rüberkommen, was mehr als wohlfeil ist. Der Autor hat natürlich darauf geachtet, eine rein deutsche Proll-Familie zu beschreiben. Hätte er über ausländische Mütter gelästert, wäre die Masche gleich aufgeflogen.

Im Brennpunkt dieser Art der »Kritik« steht nicht der Missbrauch von Kindern durch ihre Eltern. Angegangen werden Schwangere und Mütter kleiner Kinder für ihre bloße Existenz. Von Kevin bis Anne-Sophie, von »Tschastin« bis Mia-Marie gibt es viele Möglichkeiten, sich über die Hoffnungen der Eltern zu amüsieren. Dabei löst offenbar die Bindung, also die äußerste Form der Privatheit, die mit einem Kind nach außen getragen wird, in manchen Betrachtern statt Empathie Neidreflexe oder Überheblichkeit aus. Denn die Bindung zu einem Kind ist nichts anderes als die ungerechteste Form der Liebe. Das Kind muss sie sich nicht verdienen, es bekommt sie einfach. Und das Private ist immer exklusiv, es schließt die aus, die nicht dazugehören.

Doch selbst die, die dazugehören könnten, sehen in der Mutterschaft nach wie vor ein großes Problem. Im französischen Feminismus gilt bereits die Liebe zum Kind als innerer Konflikt, der die Frau als sexuelles Wesen abtötet. Die Feministin und Philosophin Elisabeth Badinter, selbst Mutter dreier Kinder, beschreibt in ihrem feministischen

Klassiker über »Die Mutterliebe« und seiner Neuauflage im Jahr 2010 »Der Konflikt. Die Frau und die Mutter«, wie angeblich die weibliche Sexualität durch die Mutterschaft verloren gehe. Zur Geburt des Kindes fällt ihr als passendes Bild die Totenglocke ein, die das selbstbestimmte Leben der Frau beende: *»So klingt das Totengeläut für die Freuden, die Freiheit und die Sorglosigkeit, die zum Status der kinderlosen Frau gehören. Wie die Nonne, die den Schleier nimmt, gehört die künftige Mutter nicht mehr sich selbst. Gott und das Baby sind für sich mächtig genug, um ihrem weltlichen Leben ein Ende zu setzen.«*

Badinter fordert Mütter dazu auf, sich vom angeblich naturgegebenen Mythos der Mütterlichkeit zu trennen und Schuldgefühle zu verdrängen. Sie ist sozusagen die Mutter der Rabenmütter. Um dieses Bild positiv erscheinen zu lassen, erfand sie ein Gegenbild. Das der Pelikanmutter. Die nährt ihre Jungen nach der christlichen Ikonografie mit dem Blut aus ihrer Brust. Wenn nämlich kleine Pelikane das Futter aus dem Kropf der Mutter picken, sieht es von weitem so aus, als hackten sie ihr gegen die Brust. Das ist natürlich ein drastisches Bild der überbordenden Fürsorge und der Selbstaufgabe: die Mutter, die durch die Versorgung ihrer Kinder langsam verblutet. Dabei macht Badinter einen folgenschweren Fehler. Sie erklärt einfach die Mutter-Kind-Bindung zu einem Mythos. Um frei zu sein, solle die Frau sich also von dieser Bindung befreien. Sie soll ihre Muttergefühle im Keim ersticken.

Doch die Autorin verfolgt mit ihrem Buch noch ein ganz anderes und für sie äußerst lukratives Geschäft. Das längste Kapitel hat Badinter unter dem Titel »Der Kampf um die Milch« dem Stillen gewidmet. Frauen ihrer Generation war das ein besonderer Graus, meist aus kosmetischen Gründen. Man darf sich durchaus fragen, ob die Angst vor dem Stillen nicht der größere Mythos ist. Jedenfalls nützt diese Angst der geschäftstüchtigen Elisabeth Badinter auf eine ganz besondere Weise. Denn sie ist die Tochter des Gründers der Werbeagentur Publicis, einem Giganten der Branche. Dort ist sie auch Großaktionärin. Und Publicis wirbt für einige der größten Hersteller von Babynahrung weltweit, darunter der Konzern Nestlé. Dem *Spiegel* sagte Badinter im Interview zum Buch ganz unverhohlen: *»Wissen Sie, wann ich das erste Mal die Idee hatte zu diesem Buch? Als der damalige Gesundheitsminister Bernard Kouchner 1998 entsprechend einer EU-Richtlinie nicht nur die Werbung für Baby-Milchpulver, sondern auch die Ausgabe von kostenlosem Milchpulver auf den Geburtsstationen verbot.«* Ist das jetzt Feminismus oder weiblicher Chauvinismus? In jedem Fall kann man das erfolgreiches Marketing einer Milliardärin auf dem Rücken von Müttern nennen.

Aber wie steht es um die Selbstbestimmung der Frau? Kann sie heute nicht entscheiden, ob sie ihr Kind stillen will oder nicht? Man muss etwas tiefer in die französische Seele blicken, um zu erkennen, dass Badinter auch hier durchaus patriarchalen Mustern folgt. (Schließlich hat sie das Buch auch ihrem Mann Robert, dem ehemaligen Justizminister und Senator gewidmet.) Denn aus dem Leben der französischen Bourgeoisie ist die Amme nicht wegzudenken. Sie war auch ein bürgerliches Statussymbol. Die bourgeoise Madame sollte nämlich möglichst bald wieder nicht nur ihren repräsentativen, sondern auch ihren ehelichen Pflichten nachkommen. Ihren Gatten störte das Kind dabei mindestens ebenso. Badinter agiert also nicht anders als Flauberts »Madame Bovary« vor mehr als einhundertfünfzig Jahren. Doch zeugt es von Selbstbestimmung oder feministischer Einsicht, sein Kind wegzugeben, um dem Mann oder dem Geliebten ein guter Sexpartner zu sein? Während von den Vereinigten Staaten bis Deutschland die Debatte um Kinder sich an der Vereinbarkeitsfront zwischen Mutterschaft und Beruf abspielt, ist die dreifache Blutgrätsche aus Mutterschaft, Beruf und Frausein eine französische Besonderheit geblieben.

Wieder ist es die Literatur, die ein weit eindringlicheres Bild über das Verhältnis zwischen Mutter und Kind zeichnet. Emma Bovary, die tragische Heldin aus Flauberts Roman »Madame Bovary«, war eine moderne und intelligente Frau. Und deshalb von dem eingeschränkten bürgerlichen Leben als Ehefrau, das sich ihr bot, zutiefst gelangweilt. Doch sie flüchtete in eine oberflächliche Gegenwelt, in die der verheißungsvollen Kitschromane ihrer Zeit. Und formte ihre Bedürfnisse vor dem Hintergrund von Herzschmerz, jungen Edelmännern und adeliger Luxuskulisse. Ihr Kind Berthe gab sie weg, denn es störte nicht nur ihr langweiliges Leben, sondern vielmehr noch ihr Doppelleben. Dieser Eskapismus wird auch Bovarismus genannt. Badinters Buch trieft davon.

Doch die Angst vor dem Kind scheint allgegenwärtig. Selbst die »Seelen-Sanitäterin der deutschen Frauen« Ildikó von Kürthy, die ja ein Buch über ihre Erfahrungen als Mutter geschrieben hat, sagt im Interview mit der *Süddeutschen Zeitung*: *»Tagsüber vermisse ich meine Kinder nur selten.«* In einer Talkshow erzählte die Autorin, wie es sich anfühlte, als »das Ding« dann da war. Die Nähe zum Kind erscheint immer noch suspekt, weil die alte Angst nicht gebannt ist, es könne die Mutter wieder zum willfährigen Objekt machen. Aus dieser Angst ist das neue Tabu gewachsen: Es ist der Wunsch, Mutter zu sein.

Während sich für Frauen das Tabu von der gesellschaftlichen Teilhabe auf die Mutterschaft verlagert hat, ist an der Väterfront alles beim Alten geblieben. Kaum jemand spricht von Vätern, wenn es um die Vereinbarkeit geht, oder von Kind pro Vater, wenn es um Zahlen geht. Es gibt hier keinen Rollentausch. Eher sieht es so aus, als fühlten sich nun Männer und Frauen gleichermaßen überfordert von der »Kinderkacke«. Obwohl sich bei den Männern heimlich doch etwas bewegt hat.

Noch in den 60er Jahren haben Väter sich dafür geschämt, einen Kinderwagen zu schieben. Heute schnallen sie sich das Baby im Tragetuch völlig selbstverständlich um den

Bauch. Sie gehen in Elternzeit, sie kämpfen um das Sorgerecht für ihr Kind, sie wickeln, kochen, säuseln, singen Schlaflieder. Nur wirkt es immer so, als hätte der Feminismus oder das Gender-Mainstreaming oder die staatliche Familienpolitik die Männer dorthin gedrängt. Nie wirkt es so, als hätten sie sich das freiwillig erkämpft. Dabei wollen Väter das doch. Aber sie artikulieren sich nicht lautstark. Sie haben keine große Bewegung gegründet, kaum eine Lobby. Der bewegte Mann geht seinen neuen Verrichtungen heimlich, still und leise nach. Denn er hat Angst.

Wenn Frauen beruflich scheitern, wenn ihre Ehe zerbricht, wenn es mit den Kindern nicht klappt, dann können sie dafür heute gesellschaftliche Gründe geltend machen. Es gibt Mutter-Kind-Kuren und das Müttergenesungswerk. Frauen dürfen auch laut und selbstverständlich ein Programm zur maximalen Lebensoptimierung einfordern. Kinder, Partnerschaft, ein interessanter Beruf – für Frauen ist es scheinbar normal, zumindest alles verlangen zu dürfen. Wenn es dann schief geht, ist die Gesellschaft schuld oder der Feminismus oder die Männer.

Für viele Väter war es bisher leichter möglich, Karriere zu machen und eine Familie zu haben. Eine Familie allerdings, die von der Frau betreut wird. Karriere zu machen und Kinder zu erziehen, ist dieser Generation nie möglich gewesen. Und es gibt ja bis heute keinen Mann, der sich auf die Fahnen schreibt, beides gleichzeitig hinbekommen zu haben. Außerdem sind Männer immer noch wesentlich häufiger als Frauen bereit, sozial »nach unten« zu heiraten, also Frauen, die einen niedrigeren Bildungsstand haben als sie selbst. Frauen wollen das eher selten. Würden sie das allerdings tun und einen Mann finden, der ihre Kinder erzieht, könnten sie ungestört Karriere machen. Während nämlich Akademikerinnen mit hoher Bildung häufig kinderlos bleiben, ist es bei den Männern umgekehrt. Kinderlos sind vor allem Männer mit wenig Bildung und niedrigem Einkommen. Auch sie sind häufig alleinstehend und unverheiratet. Was bei den Frauen die »Einsame Spitze« genannt wird (so der Buchtitel der Feministin Bettina Wündrich), ist bei den Männern der letzte Rest. Darüber gab es noch kein Buch. Es schreibt sich ja auch besser über die gläserne Decke als über den gläsernen Gullideckel. Einsamkeit und Kinderlosigkeit sind keine Frauenphänomene.

Der Feminismus sollte sich daher für die Gleichberechtigung von Männern in der Kindererziehung starkmachen. Warum nur Vätermonate, warum nicht auch Erziehungsjahre für Väter? Doch das ist politisch nicht gewollt. Während man noch in den 70er Jahren davon ausgegangen ist, dass eine höhere Erwerbsbeteiligung von Frauen dazu führt, die Arbeitszeiten für alle Arbeitnehmer zu verringern, ist das Gegenteil eingetreten. Der Arbeitsmarkt lechzt nach Männern und Frauen, die Vollzeit arbeiten. Dass 45 Prozent der Frauen nur Teilzeit arbeiten, ist der Politik ein Dorn im Auge. Hier sieht sie noch »Potenzial«.

Allem Gerede von gerechter Rollenverteilung und dem Aufbrechen traditioneller Rollenbilder zum Trotz geht es auch den Arbeitgebern sicher nicht darum, Männer zurück in die Familien zu holen. Sondern darum, dem Arbeitsmarkt so viele Arbeitskräfte wie möglich zur Verfügung zu stellen. Wenn sich aber die Gleichstellung von Männern und Frauen darin erschöpft, sollte der Feminismus hier ansetzen. Wir brauchen eine neue Solidarität für Männer, die sich der Erziehungsarbeit widmen wollen. Wir müssen sie dazu ermutigen, sich ohne Scham zum Hausmann zu bekennen. Denn es gibt keinen Beleg dafür, dass Männer ihre Kinder nicht erziehen könnten.

Umgekehrt gibt es auch keinen Beleg dafür, dass Frauen die Arbeitswelt gerechter, freundlicher oder effektiver machen. Vielmehr passt die Arbeitswelt die Frauen an, wie auch die Männer. In ihr sind alle gleich. Deshalb ist auch eine Quote überhaupt keine Bedrohung. Wie viele Generationen von Männern haben ihre Jobs über Beziehungen bekommen oder einfach deshalb, weil sie Männer sind. Der Arbeitsmarkt wird nicht zusammenbrechen, wenn nun plötzlich 40 Prozent Frauen hineingespült werden. Aber davon zu erwarten, dass die Welt weiblicher würde, ist Wunschdenken. Gerecht wäre die Solidarität mit den Männern, die Gleichberechtigung darin sehen, sich nicht vom Arbeitsmarkt vereinnahmen zu lassen. Das darf ihnen nicht als Schwäche ausgelegt werden. Wer immer nur auf Männern herumtrampelt, ihren Niedergang beschwört, ihr schulisches oder soziales Versagen anprangert, handelt gerade nicht feministisch. Der Feminismus muss die Männer wieder stärken, er muss da solidarisch mit ihnen werden, wo Männer Gleichberechtigung an der Stelle fordern, die früher den Frauen vorbehalten war: in der Familie und bei den Kindern. Denn die gegenwärtige staatliche Familien- und Arbeitsmarktpolitik sieht gerade das nicht vor. Sie möchte dem Arbeitsmarkt Humankapital zuführen, von Männer-Befreiung ist da nicht die Rede. Gleiche Rollenmuster gelten nur für den Markt.

Es gibt nur zwei Männer, die dagegen Einspruch erheben. Und es ist kein Zufall, dass beide Männer auch Väter sind: der »Käpt'n-Blaubär«-Erfinder und Kinderbuchautor Bernhard Lassahn und der Schriftsteller Ralf Bönt. Lassahns Entwurf einer »Trilogie zur Rettung der Liebe« ist eine sehr emotionale Abrechnung mit dem Feminismus und seinem »Krieg gegen den Mann«, einer neuen Form der Apartheid, so Lassahn. Dieser Kriegszustand werde hartnäckig verleugnet. Doch Feminismus richte sich nicht nur gegen Männer, er sei auch familienfeindlich und mache damit am Ende auch die Frauen unglücklich. Sie würden so zu einer »Frau ohne Welt«. Analytisch ist das gerade nicht, aber Lassahn nimmt sich das Recht einer überschwänglichen Beschwörung der Liebe zwischen Mann und Frau.

Um einiges konkreter geht der Physiker Ralf Bönt in seinem Männer-Manifest »Das entehrte Geschlecht« vor. Er fordert drei Dinge: *»1. Das Recht auf ein karrierefreies*

Leben. Der Mann muss auch jenseits einer beruflichen Stellung respektiert werden. 2. Das Recht auf Krankheit jenseits der Vorwürfe von Hypochondrie und Fühllosigkeit. 3. Das Recht auf eine geehrte Sexualität jenseits von Ablehnung, Diffamierung, Kapitalisierung und Kriminalisierung.« Bönt, selbst Vater zweier Kinder, schildert, wie wenig Männern in der Kindererziehung zugetraut wird, und wie schwierig es als Mann ist, an keiner Karriere zu arbeiten und einfach »nur« Vater zu sein. Er möchte das Täter-Image ebenso ablegen wie das Macher-Image. Und er kritisiert einen Feminismus, der sich nur auf die Karriere von Frauen versteift hat und Familie zu einem blinden Fleck werden lässt. Bönt schreibt: *»Nichts ist öder als eine Gesellschaft, in der jetzt nicht nur jeder Mann, sondern auch noch jede Frau Karriere machen muss. Familien werden zu Firmen, in denen jeder Chef sein will. Ein großes neoliberales Projekt zur Verkümmerung des Menschen.«*

Bönts Vorwurf ist berechtigt. Denn der Feminismus hat maßgeblich dazu beigetragen, Mutterschaft zu tabuisieren – obwohl es Gegenmodelle gab. Es ist ihm dabei nicht gelungen, Vaterschaft zu enttabuisieren – obwohl es Gegenmodelle gab. Wenn es dieser Bewegung aber nicht gelingt, Eltern in ein natürliches Verhältnis zu ihren Kindern zu setzen, dann läuft der Feminismus Gefahr, nichts anderes zu sein als eine kapitalistische oder kommunistische Verwertungsideologie des Menschen.

4 Kinderwunsch und Angst vor dem Kind

Nicht jede Frau hat einen Kinderwunsch. Doch immer mehr Frauen haben einen unerfüllten Kinderwunsch. Jede fünfte Frau soll in ihrem Leben davon betroffen sein, damit werben viele Praxen für Kinderwunschbehandlungen. In der Gynäkologie spricht man von etwa zwei Millionen Frauen. Die Zahl der künstlichen Befruchtungen ist sprunghaft gestiegen, daraus ist ein äußerst umsatzstarkes Geschäftsmodell von Krankenhausbetrieben und Privatärzten geworden. Denn es sind nicht nur Frauen kurz vor dem Einsetzen der Wechseljahre, die sich künstlich befruchten lassen, es sind mittlerweile Frauen jeder Altersstufe. Ein erstaunlicher Befund. Viele von ihnen haben Angst, den richtigen Zeitpunkt zur Geburt ihres Wunschkindes zu verpassen. Weil sie nur jetzt Zeit zu haben glauben, gerade der richtige Partner zur Seite steht oder sie nicht gleich auf natürlichem Weg schwanger geworden sind. Ein ungeheurer Druck scheint diese Frauen umzutreiben, ein Druck, der das Vertrauen in den eigenen Körper schwinden lässt.

Der Kinderwunsch ist rational nur unzureichend zu erfassen. Er ist ein tief in uns wurzelnder Wunsch, evolutionär geprägt, der uns nur scheinbar plötzlich überfällt. Je aufgeklärter wir sind, je komplexer unsere Ausbildung, je abwechslungsreicher unser Leben und je weniger Kinder uns in Familie und Freundeskreis umgeben, desto mehr gerät diese Disposition in Vergessenheit. Für Frauen, die in dem Bewusstsein aufwachsen, Mutter zu werden, ist diese Anlage keine Überraschung. Viele Frauen dagegen, die sich wie die meisten Akademikerinnen lange Zeit gar nicht mit dem Thema beschäftigt haben, haut es plötzlich um. »Was, die beste Freundin ist schwanger!?« Eine solche Nachricht kann einschlagen wie eine Bombe. Hätte sich die beste Freundin ein Auto gekauft, sei's drum, aber sie ist schwanger! Und plötzlich ist da ein Wunsch, den man vorher gar nicht kannte.

Wen der Kinderwunsch so unverhofft packt, der traut seinem eigenen Verstand, seinen Motiven oft nicht mehr. Denn die gesellschaftliche Akzeptanz von Kinderwunsch und Berufswunsch hat sich heute umgekehrt. Galt es früher als selbstverständlich, dass Frauen sich ein Kind wünschen sollten, gilt es heute als selbstverständlich, dass sie sich einen Beruf zu wünschen haben. Nicht mehr der Berufswunsch von Frauen, der über Jahrhunderte auf größte Vorbehalte und Verbote stieß, sondern der Kinderwunsch trifft heute auf den verbreiteten Vorwurf, er sei vor allem egoistisch motiviert. Die Karriereplanung junger Frauen ist diesem Verdacht kaum ausgesetzt. Sie ist rational zu erfassen, sie ist planbar und hat damit eine positive gesellschaftliche Konnotation, vor allem, wenn es sich um eine weibliche Karriereplanung handelt. Berufliche Ziele kann man auch vom Ende her denken. Frauen können heute sagen, wo sie später einmal stehen wollen und dass sie Verantwortung übernehmen möchten. Das garantiert ihnen ein hohes Maß gesellschaftlicher Anerkennung.

Ein Kind jedoch kann man unmöglich vom Ende her denken. Ein Kind ist immer Anfang. Und es beginnt mit einer Mutter, die dieses Kind zunächst nur als Möglichkeit in sich trägt, die sie gern wirklich werden lassen möchte. Ohne Selbstvertrauen und Zuversicht, die oft mit Egoismus verwechselt werden, kann eine Frau gar keine positive Beziehung zu ihrem zukünftigen Kind aufbauen. Sie sollte sich also frei von gesellschaftlichen Zuschreibungen machen und zunächst ein Bewusstsein für ihre besondere Situation entwickeln. Denn auch wenn der Kinderwunsch nicht als rational zu bezeichnen ist, so kann man ihn auch nicht einfach nur als irrational abtun. Er ist menschlich. Deshalb hat Adorno gesagt, der einzige legitime Grund, ein Kind zu bekommen, sei die Freude am eigenen Leben.

Heute gibt es einen breiten gesellschaftlichen Konsens, Mutterschaft aufzuschieben. Jedes fünfte Baby hat heute eine Mutter über 35, fast jedes zwanzigste Baby eine Mutter, die 40 Jahre oder älter ist. Während der Schwarzer-Feminismus sogar die extrem späte Mutterschaft bis ins hohe Alter propagiert, beflügelt durch die Forderung nach Legalisierung der fremden Eizellenspende und euphorisiert durch die Möglichkeit, demnächst eigene Eizellen einfrieren lassen zu können, gab es im Feminismus auch ganz andere Stimmen. Die Literatur-Nobelpreisträgerin Toni Morrison etwa, selbst alleinerziehende Mutter zweier Kinder, hielt es für völlig normal, dass Frauen Kinder kriegen, wenn ihr Körper dazu in der Lage ist. In einem Interview des *Time Magazine* wurde Morrison 1989 über einen spektakulären Fall von Teenager-Schwangerschaften befragt. Sie antwortete: »*Das Kind wird ihnen schon keinen Schaden zufügen. Klar, es nimmt einen ziemlich in Beschlag. Aber wer schert sich denn um den Zeitplan? Wer sagt denn, dass man mit 18 die Schule abzuschließen hat? Sie sind keine Kinder. Wir haben entschieden, dass die Pubertät jetzt so lange dauert, bis man, wie alt – 30 – ist. Ab wann ist man denn kein Kind mehr? Sie sind physisch in der Lage, Kinder zu kriegen, deshalb wollen sie welche. Die Natur will, dass es dann passiert, wenn jemand körperlich dazu in der Lage ist. Und nicht erst mit über 40, wenn das Einkommen einen dazu in die Lage versetzt.*«

Auch das war einmal eine feministische Position. Heute gilt sie als unverantwortliche Spinnerei. Doch umgekehrt ist der Aufschub des Kinderkriegens oder gar der Verzicht auf Kinder auch nicht immer rational. Er ist es dann nicht, wenn damit Angst kompensiert werden soll. Wer immer nur vermeidet, handelt gegen sich. Und verdrängte Wünsche werden dann zu Ängsten, die unbewusst zu wirken beginnen. Die amerikanische Psychotherapeutin Daphne de Marneffe schrieb in ihrem Buch »Die Lust, Mutter zu sein« von diesem Phänomen: »*Ich hatte das Gefühl, dass es womöglich einem zeitgemäßen Diskurs entsprach, wenn Frauen sich gewissermaßen vor der vertrackten Faszination hüteten, die Babys durchaus auf sie ausüben, um ihre eigene Selbstverwirklichung und Identität nicht zu ge-*

fährden.« Mutterschaft sei für diese Frauen gleichbedeutend mit der Einwilligung, gesellschaftlich eine Null zu werden, schreibt de Marneffe. Sie hätten Angst, in einen atavistischen Zustand zurückzufallen. Der Kinderwunsch wird also aufgeschoben und verdrängt, während die Angst vor dem Kind unbewusst zu wirken beginnt. Kinderwunsch und Angst vor dem Kind ergreifen so gleichzeitig Besitz von uns. Denn wer sagt uns denn, wann der richtige Zeitpunkt gekommen ist, wenn nicht wir selbst? Die Arbeitswelt, der Partner, die Schwiegermutter?

Während in Feminismus und Medien ältere und oft prominente Mütter als zukunftsweisend dargestellt werden, warnen immer mehr Wissenschaftler vor dem Mythos später Mutterschaft. Der Gynäkologe und Reproduktionsmediziner Wolfgang Holzgreve, ärztlicher Direktor der Uniklinik Bonn, macht darauf aufmerksam, dass eine künstliche Befruchtung nicht die Empfängisbereitschaft von Frauen verlängert. Zwar könne man heute Sperma direkt ins Ei spritzen, doch auch bei dieser Art der Befruchtung sei ein Erfolg bei Frauen über 40 Jahren sehr unwahrscheinlich. Durch die Reproduktionsmedizin ließen sich zwar Ursachen von Unfruchtbarkeit überwinden, so der Mediziner, nicht aber wenn das Alter die Ursache sei. Tatsächlich sieht Holzgreve das Zeitfenster für Frauen schrumpfen. Denn während sich das Alter Erstgebärender weit nach hinten verschoben habe, sei das Alter des Beginns der Wechseljahre gleich geblieben. Holzgreve ist überzeugt davon, dass dieses Wissen nicht ausreichend vermittelt werde, und bemerkt, auch bei Männern lasse die Fruchtbarkeit ab dem 40. Lebensjahr nach.

Die Berliner Autorin Millay Hyatt hält in ihrem Buch »Ungestillte Sehnsucht. Wenn der Kinderwunsch uns umtreibt« die verspätete Entscheidung für ein Kind ebenfalls für das größte Fruchtbarkeitsrisiko. Hyatt, heute 40, ist selbst betroffen. Sie ist mit vier Geschwistern aufgewachsen und war bis zu ihrem dreißigsten Lebensjahr der festen Ansicht, dass sie niemals Kinder haben wolle. Ihr früheres Verständnis von Feminismus und selbsterfülltem Leben hätten ihr einen Kinderwunsch unmöglich erscheinen lassen, sagt sie heute. Bis er da war. Doch Hyatt wurde nicht schwanger. Sie litt an einem recht seltenen Syndrom, den vorgezogenen Wechseljahren. Zum Zeitpunkt der Diagnose war sie 32. Das Angebot einer amerikanischen Freundin, als Leihmutter für sie zu fungieren, lehnten sie und ihr Mann aus ethischen Gründen ab, ebenso die Eizellenspende. Hyatt hatte aufmerksam die Aussagen der ersten Generation von Kindern studiert, die im Bauch einer Leihmutter herangewachsen waren. Viele beklagten sich über den schweren Verlust dieser ersten Trennung. Hyatt wollte um jeden Preis vermeiden, einem Kind Leid zuzufügen, um ihren Kinderwunsch zu stillen.

Doch den Verlust ihrer Fruchtbarkeit empfand sie wie den eines geliebten Wesens. Es sei der Verlust einer Selbstverständlichkeit, sagt Hyatt in einem Interview, denn es gehöre zu unserem Menschenbild, dass wir Kinder bekommen könnten. Ihr Fazit ist: *»Viele Betroffene kämpfen für mehr bezahlte IVF-Versuche, ich bin da skeptisch, weil ich die Kehrseite dieser Behandlungen sehe. Es geht eher darum, Frauen und Männern in jüngeren Jahren die Entscheidung für Kinder leichter zu machen. Denn das größte Fruchtbarkeitsrisiko ist die verspätete Entscheidung; die Fruchtbarkeit bei Frauen fängt ab 25 an abzunehmen. Das ist so. Aber das passt nicht zu der Gesellschaft, in der wir leben.«* Das Bewusstsein, dass eine ungewollte Schwangerschaft eine Katastrophe sein kann, sei vorhanden, glaubt die Autorin. Sie will darauf aufmerksam machen, dass auch eine ausbleibende Schwangerschaft eine Katastrophe sein kann. Hyatt bezieht übrigens die Männer in die Trauer um ungewollte Kinderlosigkeit mit ein. Männer würden darunter ebenso leiden wie Frauen, nur fiele es Männern oft schwerer, darüber zu sprechen.

Im Gleichstellungsfeminismus gilt der stets spermienproduzierende Mann dagegen als Konkurrent im Wettlauf um möglichst späte Elternschaft. Alte Väter, von Picasso bis Ulrich Wickert, erscheinen hier als ungeheure Provokation. Während die Eierstöcke in Frauen von Geburt an mitwachsen und irgendwann aufgebraucht sind, werden männliche Spermien ständig neu erzeugt. In dieser biologischen Tatsache wittern Gleichheitsfeministinnen eine Ungerechtigkeit der Natur und fordern die Freigabe der Eizellenspende. Damit wäre das biologische Alter der Frau keine Hürde mehr für ihre Fruchtbarkeit. Bislang sind in Deutschland solche Spenden von fremden Frauen verboten, um Leihmutterschaft zu verhindern. Das ist in der Tat eine Ungleichbehandlung. Vor dem deutschen Ethikrat wird deshalb derzeit die Gleichbehandlung von Samen- und Eizellenspende erörtert. (Wobei der Zusatz »Spende« in beiden Fällen ein Euphemismus für ein knallhartes Geschäft ist.) Doch von Gleichbehandlung kann auch im Feminismus keine Rede sein. Auf den Seiten des Vereins »Mütter-Lobby«, der sich gegen die Ansprüche biologischer Väter und der Vaterrechtsbewegung formiert hat, wird der männliche Samen so eingeschätzt: *»Das Sperma ist ja biologisch gar kein Samen, aus dem der neue Mensch wächst, sondern er gibt bekanntlich den Anstoß zur Zellteilung des weiblichen Eies und fügt Chromosomen hinzu. Die gesamte Leistung der Entstehung des Kindes im Körper der Frau mitsamt dem Risiko der Geburt und die intensive Versorgung des Säuglings kommt nun mal der Frau zu. Von Gleichwertigkeit der Leistung und daraus entstehender Ansprüche kann … keine Rede sein, einer Gleichberechtigung fehlt hier die Basis.«*

Der Versuch, die Entstehung menschlichen Lebens nach Gleich- oder Ungleichstellung von Ei- und Samenzelle rechtlich zu fixieren, führt in vermintes Gelände. Ist das ein Fortschritt für Frauen? Der Reproduktionsmediziner Holzgreve macht jedenfalls darauf aufmerksam, dass durch die Legalisierung von Eizellenspenden und dem Einfrieren eigener Eizellen kein Dammbruch zu erwarten sei. Das habe die Debatte um die Präimplantationsdiagnostik gezeigt. Seiner Erfahrung nach würden sich die meisten Frauen den Zumutungen reproduktiver Möglichkeiten mit steigendem Alter eher entziehen. So lenkt auch hier das Machbare von den ganz realen Bedürfnissen der meisten Frauen ab.

Übrigens auch von den Bedürfnissen der Frauen ohne Kinderwunsch. Denn mit der künstlichen Verlängerung der Fruchtbarkeit durch reproduktive Eingriffe verlängert sich auch der Rechtfertigungsdruck auf Frauen, die keine Kinder wollen. Die Hoffnung auf medizinischen Fortschritt und die Aufschiebung von Mutterschaft sei letztlich eine Kapitulation vor gesellschaftspolitischen Problemen, schrieb die Journalistin Eva Berendsen in der *Frankfurter Allgemeinen Sonntagszeitung*. Die Lösung der Vereinbarkeit von Beruf und Familie werde so auf die Ebene der Technik verlagert: *»Wir frieren unsere Eizellen ein, anstatt uns gegen die Anforderungen der Arbeitsgesellschaft mit 40-Stunden-Wochen, Zweijahresverträgen und Dauererreichbarkeit zu wehren, die jedes harmonische Miteinander von Arbeit und Leben (auch ohne Kinder) schwer möglich macht. Wir verschieben die Schwangerschaft ins hohe Alter, statt unsere normierten Zeitpläne auf den Prüfstand zu stellen.«* Was in der Emma-Ausgabe »Mutter werden mit 50 plus« als feministischer Befreiungsschlag verkauft werden soll, hat eine durchaus anti-feministische Kehrseite. Wie im Arbeitsmarktfeminismus geht es auch hier um die Frage, wie gut und wie lange Frauen verwertbar sind.

Der Aufschub einer Schwangerschaft geschieht meist aus ähnlichen Gründen wie ein Schwangerschaftsabbruch. Lässt man die Abbrüche nach medizinischer und kriminologischer Indikation einmal beiseite und schlüsselt sie nach der Anzahl der bereits lebenden Kinder der Frauen auf, dann fällt ins Auge: In der Mehrzahl werden mögliche erste Kinder abgetrieben. Und noch ein Trend fällt auf. Während die Zahl der Abbrüche in den vergangenen zehn Jahren kontinuierlich gesunken ist, ist sie nur in der Altersgruppe der Frauen zwischen 30 und 35 Jahren angestiegen. Rückschlüsse über die Ursachen sind kaum möglich, doch bei *Pro Familia* wird darauf hingewiesen, dass die materiellen Ängste unter den betroffenen Frauen zugenommen hätten.

Doch nicht nur der Druck auf potenziell werdende Mütter steigt. Auch die Frauen, die schon Kinder haben, weisen vermehrt auffällige Symptome von Überlastung auf. Mehr als zwei Millionen Mütter sollen heute behandlungsbedürftig sein, sagt das Müttergenesungswerk. Nie war die Burn-out-Quote unter Müttern größer. Nie gab es mehr alleinerziehende Mütter als heute. Doch ist der Umkehrschluss erlaubt, dass es ihnen schlecht geht, weil sie Kinder haben? Sollen Frauen sich vorwerfen lassen, mit der Entscheidung für ein Kind wieder ins alte falsche Rollenbild getappt zu sein? Sollen sie Angst davor haben, ein Kind zu bekommen? Oder muss nicht vielmehr die ökonomische Absicherung von Müttern, die ja durch die Entscheidung für ein Kind immer einen beruflichen Nachteil in Kauf nehmen, neu verhandelt werden, von den Erziehungszeiten bis zur Rente?

In der Sonntagsbeilage der *taz* gab es dazu im Sommer 2013 einen bewegenden Aufschrei – der verhallt ist. Obwohl der Skandal, der ihm zugrunde liegt, eigentlich viel größer ist als der Skandal um Sexismus, denn es ist ein institutioneller Skandal. Unter der Überschrift »Meiner kommt nicht in die Kita« schrieb die Redakteurin Jana Petersen, wie schwer ihr die Trennung von ihrem einjährigen Sohn fällt, obwohl fest eingeplant war, ihn in eine staatliche Kita zu geben. Sie habe mit dem Vater des Kindes alles im Detail vorausgeplant, habe sich auf den Wiedereinstieg in den Beruf gefreut, auf die Kollegen, die Verantwortung, doch dann: *»Dann kam dieses Baby. Ich liebte es, ich trug es, stillte es, schlief neben ihm. Und je größer mein Kind wurde, desto größer wurden auch meine Zweifel. Sollte ich dieses feine Wesen, das ich oft vor meinen Bauch geschnallt trug, wirklich in eine Krippe geben? Ich hatte das Gefühl, dass das nicht gut war, dass es bei uns, bei seiner Familie, bleiben sollte. Aber vielleicht war auch dieses Gefühl nicht gut, weil die Hormone mein Mutterherz verseuchten und mich unfähig machten, mich von meinem Baby zu trennen. Wahrscheinlich musste ich diese Gefühle für eine vernünftige Entscheidung irgendwie rationalisieren. Ich musste mehr wissen, über mich, mein Kind und dieses Erziehungssystem.«*

In diesen wenigen Sätzen offenbart die Autorin, wie tief die moderne Frau gespalten ist. Nur einen winzigen Augenblick verweilt sie bei sich und ihren Bedürfnissen als Mutter. Und schon glaubt sie, diese rationalisieren zu müssen. Dabei sind ihre Gefühle gar nicht irrational. Es sind Muttergefühle, Ausdruck der innigsten Bindung an einen Menschen, die man in seinem Leben eingehen kann. Wer glaubt, diese Gefühle von sich abspalten zu müssen, unterwirft sich einem gesellschaftlichen Zwang, der vielleicht aus ökonomischer Sicht rational erscheinen mag, aus psychologischer Sicht aber traumatische Folgen haben kann.

Petersen misstraut sich selbst, bevor sie überhaupt auf das System zu sprechen kommt, dem sie ihr Kind nicht ausliefern will. Und ist damit schon in die Systemfalle geraten. Eine Falle, die Müttern immer als Fortschritt verkauft werden soll. Innerhalb weniger Jahre ist durch die Einführung des Elterngeldes und die Garantie auf einen Krippenplatz für Einjährige der Druck auf Mütter immens gestiegen, ihre Kinder sehr früh fremd betreuen zu lassen. Über das Bedürfnis von Müttern und ihre Sehnsucht, die ersten Jahre des Heranwachsens ihrer Kinder selbst zu begleiten, wird überhaupt nicht mehr gesprochen. Petersen macht darauf aufmerksam und nennt ihren Text »Die erste Trennung«. Sie habe nur zwei Mütter kennengelernt, die die ersten beiden Jahre mit ihren Kindern verbringen wollten und konnten, schreibt sie. Diese Frauen seien ihr zunächst suspekt gewesen. Was nichts anderes heißt, als dass Muttersein nach wie vor nicht geheuer ist.

Obwohl die Autorin erkennt, wie die Diskussion um Trennung sofort abgewürgt wird durch die Diskussion um die Qualität der Betreuung, lässt sie sich schließlich selbst auf diese Debatte ein. Es geht also nun um Bindungsforschung, Gruppengrößen, Lieder-Singen und Bio-Essen. Das sind zweifellos wichtige Themen, wenn es um die Feststellung der Qualität einer Kinderkrippe geht. Doch damit ist die Trennung schon vollzogen. Es gibt hier aber einen Punkt, vor dem Müttern am meisten graut und der so konsequent wie kein anderer Teil dieser Debatte verschwiegen wird: das Abgeben des eigenen Kindes an das Fremdbetreuungspersonal. Denn bei allem Engagement darf man auch Erziehern wie jedem anderen Personal eine gewisse und von der Soziologin Katharina Rutschky so genannte »Lohnarbeitergleichgültigkeit« unterstellen. »Wie gehen die mit meinem Kind um, wenn ich weg bin«, ist die dringendste Frage jeder Mutter, die ihr Kind einer Einrichtung überlässt. Ganz besonders dann, wenn das Kind nicht einmal sprechen kann. Denn eine Kindertagesstätte ist keine Familie. Sie soll aber eine sein, vom Kibbuz bis zur Reformschule, das sind die immer wieder neu aufgelegten Utopien in alternativen Kreisen. Die sich oft genug als Albtraum entpuppt haben. Doch auch Petersen fordert nun eine »Kopie« der Familie zur Betreuung kleiner Kinder, immerhin eine Kopie, die »nahe am Original« sein soll.

Dabei hat sie doch selbst eine Familie für ihr Kind. Doch sie traut sich kaum, Rechte für ihre Kleinfamilie einzufordern. Das Original der Familie scheint weniger vertrauenswürdig zu sein als dessen Kopie – eine Kapitulation vor den Umständen. Und ein drastisches Bild dafür, wie sehr die Familie diesen Umständen ausgeliefert ist. Wofür sich die Autorin auch noch entschuldigen soll. Sie wird niedergewalzt vom Rechtfertigungsdruck durch die Entscheidung gegen die Krippe und für ihr ein Jahr altes Kind. Petersen schreibt: »*Auch ich stehe nackt da, wenn ich gefragt werde, wann das Kleinchen in die Krippe geht. Mit meinen Zweifeln, meinem Frust, meiner Ungeduld. Dem Vorwurf des Nicht-loslassen-Könnens. Mit der Trauer über eigene verpasste Chancen. Mit der ökonomischen Abhängigkeit. Damit, dass wir uns das eigentlich gar nicht leisten können. Dieser Situation auszuweichen, sich nicht dazu zu verhalten, ist unmöglich. Wenn man den Konsens verlässt, muss man ständig Antworten liefern.*«

Am Ende der Reportage berichtet die Autorin, wie sie weinen musste. Und fürchtet, das könne nun komisch klingen. Nein! Das klingt nicht komisch! Das tut eher gut! Es ist nur merkwürdig, dass nicht alle mitweinen. Dieser Text ist das Manifest einer jungen Generation von Frauen, die sich Mutterschaft nur noch abwürgen können. Die eben nicht Erziehung und Beruf vereinbaren können, die keine Wahlfreiheit haben. Und damit einem staatlichen Fürsorgesystem ausgeliefert sind, dem sich eine Generation früher nur alkoholkranke Teenager-Mütter der Unterschicht zu beugen hatten. Und die vor allem ein Gefühl bewegt: die Angst, alles falsch zu machen.

Und noch etwas prallt hier deutlich aufeinander: Die aus alternativen Kreisen weit ins bürgerliche Lager vorgedrungene gewaltfreie und durch Bindung geprägte Kindererziehung zwischen Tragetuch und Schlafen im Elternbett passt kaum zu den Anforderungen an die gleichgestellte vollzeitberufstätige Mutter. Es ist fast Folter, ein Kind, zu dem man in dessen ersten Lebensjahr eine innige Bindung aufgenommen hat, plötzlich ganztags abgeben zu müssen – und zwar für die Mutter und das Kind. Was in Feminismus und Genderforschung abschätzig Rollenzwang, Hormonfalle oder überkommene Geschlechterverhältnisse genannt wird, erklärt die Psychoanalyse viel eher mit einer grundsätzlichen Disposition der Mutter-Kind-Bindung. Die Kommunikation läuft hier über den Körper und das Gefühl. Eine Mutter, die sich dieses Gefühl abspalten soll, läuft Gefahr, die Bedürfnisse des Säuglings nicht deuten zu können. Doch gerade diese Fähigkeit kann schnell als Unfähigkeit umgedeutet werden, ökonomische Fragen mit familiären zu vereinbaren. Die Psychoanalytikerin Ann Kathrin Scheerer sieht daher in Krippen mittlerweile »Multifunktionsheilmittel«, die man nicht mehr infrage stellen dürfe. Nach Scheerer ist Trennungsangst keine Schwäche, sondern vielmehr eine empathische Gabe. Sie schreibt: *»Die dieser frühen Mutter-Kind-Zeit evolutionär unveränderbar innewohnende Trennungsangst wird heute schnell zu einer Schwäche der Mutter, die nicht loslassen kann, umgedeutet.«*

Wenn die Mutter-Kind-Bindung aber frühzeitig gekappt wird, können daraus lebenslange Ängste erwachsen. Für die Kinder und für die Mütter. Denn vor allem Mütter müssen sich heute für die Entscheidung, ein Kind bekommen zu haben, permanent rechtfertigen. Und zwar nicht erst, wenn das Kind auf der Welt ist. Durch den Fortschritt in der Pränataldiagnostik beginnt dieser Druck heute kurz nach der Feststellung einer Schwangerschaft. Tatsächlich gelten in Deutschland mittlerweile 90 Prozent aller Schwangerschaften als Risiko. Zu den gesellschaftlich übertragenen Ängsten kommen nun noch die medizinischen Bedenken. Denn das Durchleuchten des Fötus von der Nackenfaltenmessung bis zum Trisomie-Bluttest erhöht den Druck auf Mütter, ein perfektes Kind zu kriegen. Sie war ja gewarnt.

In ihrem Buch »Mein gläserner Bauch – Wie die Pränataldiagnostik unser Verhältnis zum Leben verändert« berichtet die Autorin Monika Hey, wie sie nach der Diagnose, ein behindertes Kind zu haben, zur Abtreibung überredet wurde und sie auch vollzog. Sie hat diese Entscheidung heftig bereut. Hey erzählt von Gefühlen des Ausgeliefertseins und der Ohnmacht. Ihr sei nicht klar gewesen, dass die Pränataldiagnostik eine Frage nach Leben und Tod ist. Unter diesen Umständen habe sie keine autonome Entscheidung treffen können, sagt Hey. Der Kampfspruch der Frauenbewegung »Mein Bauch gehört mir« hat für Frauen in dieser Situation seine Bedeutung verloren. Er bezieht sich nur auf das Recht zur Abtreibung. Ein Recht, gegen das Hey keine Einwände hat. Doch sie möchte diesen Slogan auch auf die umgekehrte Entscheidung anwenden dürfen. *»Mein Bauch muss mir auch gehören, wenn ich ein Kind behalten will«*, schreibt Hey. Wenn 90 Prozent der Kinder mit Down Syndrom heute abgetrieben werden, heiße das nicht, dass dies in jedem Fall der Wunsch der Eltern sei. Doch in der Leistungsgesellschaft gebe es immer weniger Toleranz für Schwache. Und für den Produktionsausfall von Müttern.

Auf einer Tagung über Familienplanung und Migration der Bundeszentrale für gesundheitliche Aufklärung machte die türkischstämmige Frauenärztin Neslisah Terzioglu darauf aufmerksam, dass unter Migrantinnen weniger Kinder aufgrund einer Behinderung abgetrieben würden. Grund dafür sei ein anderer Umgang mit behinderten Menschen in der Gemeinschaft und eine geringere Inanspruchnahme pränataler Diagnoseverfahren. Auch sei die Angst vor einem behinderten Kind weniger verbreitet, so Terzioglu. Umgekehrt ist die Abtreibung unter Migrantinnen ein größeres Tabu als unter deutschen Frauen. Der Autonomie-Status der Frau muss also unter zwei Aspekten betrachtet werden. Abtreibung kann Autonomie bedeuten, wenn Frauen sich damit einem gesellschaftlichen Zwang widersetzen. Abtreibung ist der Verlust der Autonomie, wenn Frauen sich einem gesellschaftlichen oder medizinischem Zwang fügen müssen.

Die Ängste von Müttern während der Schwangerschaft und danach übertragen sich auf die Kinder. Zu diesem

Ergebnis kommt eine Studie über »Transgenerationale Effekte mütterlicher Angst«, die im Oktober 2012 in der Monatsschrift für Kinderheilkunde vorgestellt worden ist. Je mehr Angst eine Mutter hat, desto weniger feinfühlig verhält sie sich gegenüber ihrem Kind, das haben die Ärzte der Studie an ihren Probanden beobachtet. Ihre Schlussfolgerung ist »dass bereits leichte Erhöhungen mütterlicher Ängstlichkeit mit einer beeinträchtigten Mutter-Kind-Beziehung sowie emotionalen und Verhaltensauffälligkeiten der Kinder einhergehen können.« Je ängstlicher eine Mutter, desto kontrollierender und manipulativer trete sie gegenüber ihrem Kind auf. Während die kanadische Genderforscherin und Wissenschaftshistorikerin Marga Vicedo in ihrem Buch »The Nature and Nurture of Love« (in eigener Übersetzung etwa »Die Natur und die künstliche Gestaltung der Liebe«) die Bindungstheorie als Konstrukt des Kalten Kriegs und biologistischer männlicher Verhaltensforscher von John Bowlby bis Konrad Lorenz entlarvt, kommen die Kinderärzte zu einem ganz altmodischen und ganz und gar nicht geschlechtergerechten Schluss, nämlich *»dass mütterliche Feinfühligkeit als Grundpfeiler der kindlichen sozioemotionalen Entwicklung angesehen werden kann.«*

Auch im Feminismus steht diese mütterliche Zuwendung unter einem Generalverdacht: dem der Schuldhaftigkeit. Auf einem feministischen Symposium in Berlin folgerte die Londoner Psychologin Lisa Baraitser, Mutterschaft sei vor allem eine Frage von Schuld. Wer aber Verantwortung zu Schuld umdeutet, lässt Mütter als Opfer ihrer selbst dastehen. Ein autonomes Verständnis von Mutterschaft ist so gar nicht möglich. Ein noch weiter verbreiteter Vorbehalt gegen mütterliche und ganz allgemein auch elterliche Zuwendung ist die Teilhabe. So sagte der Präsident der Berlin-Brandenburgischen Akademie der Wissenschaften, Günter Stock, ausgerechnet zur Vorstellung der Studie »Zukunft mit Kindern«: *»Es ist legitim, dass die gut ausgebildeten Menschen sich auch in den entsprechenden Berufen verwirklichen und am gesellschaftlichen Leben teilhaben wollen. Man kann von Paaren mit Kindern nicht auf Dauer erwarten, dass sie sowohl auf einen Teil des materiellen Wohlstands verzichten als auch auf die Teilhabe am bürgerlichen-sozialen Leben.«* Es gibt allerdings viele Menschen, darunter auch ungewollt Kinderlose, die gerade Kinder als Zentrum des bürgerlich-sozialen Lebens sehen. Stock dagegen fordert längere Öffnungszeiten für Kitas, damit die Eltern teilhaben können. Nicht an den Kindern, sondern am Leben da draußen. Auch dieses rein materialistische Gesellschaftsverständnis definiert Mutterschaft als Verlust von Autonomie. Und schürt die Angst vor dem Kind.

5 Die kalte Mutter: Mythos deutsche Mutter und das Ende der Intuition

»Nur der liebt, wer die Kraft hat, an der Liebe festzuhalten.«

Theodor W. Adorno

Es gibt ein spezifisch deutsches Argument gegen Mütter, die ihre Kinder zumindest zeitweise gerne selbst versorgen. Danach sind diese Frauen angeblich von einem Mütter-Mythos befallen, einem deutschen Virus, der im nationalsozialistischen Mutterkult seinen Höhepunkt gefunden habe. Wer also für die Geburt eines oder gar mehrerer Kinder seine beruflichen Ambitionen zurückstelle, laufe Gefahr, sich selbst zu einer Gebärmaschine zu machen, die sich willfährig einer von Männern dominierten Gesellschaft ausliefere. Das ist ein schweres Geschütz, oft abgefeuert von feministischen Bataillonen, und es trifft – nur leider die Falschen.

Das größte Munitionsdepot für dieses Geschütz hat die Literaturwissenschaftlerin Barbara Vinken 2007 in ihrem Buch »Die deutsche Mutter. Der lange Schatten eines Mythos« angelegt. *»Die Berufung der Frau zur Mutter steht in Deutschland als Bollwerk gegen die Gleichheit von Frauen und Männern«*, so lautet Vinkens Grundthese. In Mutterschaft an sich sieht sie schon die »genügsame Einwilligung« in das »praktische Gegenteil« von Gleichberechtigung. Hintergrund der tatsächlichen Nichtgleichstellung von Männern und Frauen auf dem Arbeitsmarkt sei, so vermutet die Autorin, »das Dogma der deutschen Mutter«. Als Heilmittel empfiehlt sie, endlich vom deutschen Glauben abzufallen, *»der in der von Mutterliebe durchdrungenen Familie das Versprechen einer heilen Welt sieht«*. Aus der Mutter-Kind-Bindung wird bei ihr deshalb die Mutter-Kind-Ideologie.

Kein Wunder, dass sich bei dieser praktisch auf fast alle Familien ausdehnbaren These zuhauf Beispiele aus der deutschen Geschichte finden lassen. Das Unglück begann nach Vinken vor einem halben Jahrtausend mit Martin Luther, Vater einer recht heilen Familie, der die Kinder nach dem Essen nicht nur furzen ließ, sondern ihre Erziehung durch die Eltern auch noch zum Gottesdienst erhöhte. Und der, welch ein Skandal, die Mutter statt des adligen Klerus in Verantwortung für die eigenen Kinder sah. Der bürgerliche Freiraum, der hier erstritten wurde, bleibt aus feministischer Sicht verdächtig, weil hier »Geschlechterrollen« festgelegt wurden. Damit ist Luther selbstverständlich als Anti-Feminist avant la lettre entlarvt. Obwohl er seine Kinder sogar selbst gewickelt haben soll!

Ein großer Sprung führt durch Jahrhunderte deutschbürgerlicher Spießigkeit direkt zu Königin Luise von

Preußen, einer Adligen, die durch ihr hochverdächtiges Verhalten »zum Sinnbild der Muttererde« wurde, für die sich »der totale Einsatz« gelohnt habe. Was hat Luise von Preußen getan? Genau eines: Sie liebte ihren Mann mehr, als es bei einer damals standesüblichen Verehelichung nötig gewesen wäre. Ihre Kinder schätzte sie ebenfalls mehr, als man das für dynastische Platzhalter nach feudaler Sitte tun musste, und kümmerte sich auch selbst um sie. Nicht nur der französische Adel rümpfte ob dieses bäuerlichen Verhaltens und der degoutant großen Kinderschar die Nase, auch im Feminismus kam das nicht gut rüber. Dass hier eine Frau dem Macker Napoleon die Stirn geboten hatte, zählt hingegen nicht. Denn Luise habe das nicht als Königin getan, sondern als Ehefrau und Mutter. Damit kann das also keine feministische Leistung gewesen sein.

Nach Vinken sind nun in der nationalsozialistischen Mutter jene beiden Traditionen zusammengeflossen, also Religion und Natur, oder eben Luther und Königin Luise. Sie vermutet weiter, dass die Erhöhung des Muttertums und nicht dessen Pervertierung zur nationalsozialistischen Katastrophe geführt haben soll. Eine schwierige These. Denn gleichzeitig überhöht Vinken in ihrem Buch die vermeintliche Gleichstellung der Frau in der DDR zu einem Zeugnis ihrer Befreiung. Die Zerrüttung der Familien durch einen totalitären Staat hält sie für eine Unterstellung. Dabei setzen die radikalen Ideologien der Moderne immer bei der Kindererziehung und damit in den Familien an. Es ist ein Problem dieser Art von Feminismus, wenn man der

Familie keinen Wert beimisst. Eine grundsätzlich mütter- und familienfeindliche Haltung macht es aber umso schwerer, tatsächlich zu verstehen, wie der nationalsozialistische Mutterkult wirkte. Zwar wurden im Dritten Reich tradierte Werte erhöht oder vielmehr umgedeutet, vor allem aber wurden Traditionen gebrochen. Und zwar jede Tradition von Mütterlichkeit. Das nationalsozialistische Muttertum war ein Kampf zuallererst gegen das eigene Kind. Vom bürgerlichen Familienverständnis und der Kinderliebe einer Königin Luise blieb im Nationalsozialismus nicht ein Hauch. Dort wurden im Gegenteil die Bedürfnisse von Kindern auf grausamste Weise negiert – allen voran die Bindung zur Mutter.

Die nationalsozialistische Mutter sollte sich deutlich von traditionellen Müttern abgrenzen. Dazu musste auch tabula rasa mit der Großmüttergeneration gemacht werden, die durch ihre alten Erziehungs- und Betreuungsmethoden die Enkel vermeintlich verzogen und verzärtelten. Eine moderne Mutter war nunmehr gleichzeitig Hebamme, Krankenschwester und Erzieherin der eigenen Kinder und dies nach den neuesten Erkenntnissen der Hygieneforschung und Rassenkunde. Bürgerliche Kategorien wie die Frage, ob ein Kind ehelich war oder nicht, spielten keine Rolle mehr. Es zählte nur die Gesundheit des Kindes, seine arische Abstammung und seine nationalsozialistische Einschwörung auf den Führerkult – zuallererst durch die eigene Mutter. Vormodern war lediglich, dass die Frauen durch massive Verbote gezielt aus der Erwerbsarbeit gedrängt wurden und die Kinder nicht gleich in Fremdbetreuung kamen, wie es etwa im »ABC des Kommunismus« schon 1919 empfohlen wurde. Doch auch im Nationalsozialismus war von den SS-Kinderheimen des Vereins »Lebensborn« bis zu den Pimpfen, also den zehnjährigen Jungvolkjungen, die Erziehung in parteigeführten Kinder- und Jugendorganisationen Teil des totalitären Programms. Dort sollten die Kinder schnell, zäh und hart gemacht werden, eben wie Windhunde, Leder und Kruppstahl. Darauf mussten sie schon zuhause vorbereitet werden. Zunächst sollte daher die Mutter selbst zur Fremdbetreuerin ihrer Kinder mutieren, ohne jedes emotionale Engagement und nach unfassbar strikten Regeln. So musste das Neugeborene von seiner Umgebung isoliert und die Kontaktaufnahme zu anderen Menschen vermieden werden. Medizinische Erfolge etwa in der Bekämpfung des Kindbettfiebers ließen solche Maßnahmen als richtig erscheinen. Sie wurden noch bis in die 70er Jahre befolgt.

Auch das Stillen war keineswegs ein Nazi-Dogma. Vielmehr sollte das Neugeborene erst nach 24 Stunden angelegt und dann im Vier-Stunden-Takt abgefüttert werden. Eine Regelung, die das Stillen für Mutter und Kind zur Pein werden lässt. Je stärker aber die natürlichen Bedürfnisse eines Babies der Mutter verborgen blieben, desto mehr Rat brauchte sie. Die neuen Anleitungen zur nationalsozialistischen Kindererziehung fanden die Frauen im Ratgeber der Ärztin Johanna Haarer. Ihr Standardwerk »Die deutsche Mutter und ihr erstes Kind« von 1934 wurde im Dritten Reich hunderttausendfach aufgelegt. Haarers Ratgeber war auch das Lehrbuch für die von der NS-Frauenschaft organisierte Reichsmütterschulung. Mutterschaft sollte so eine quasi medizinisch-fortschrittliche Komponente erhalten. In ganz Deutschland wurden nun einheitliche Regeln zur Säuglingspflege für arische Mütter vermittelt. Doch diese vermeintliche Modernität blieb auch in Haarers Ratgeber selbst hinter den medizinischen Standards der Zeit zurück. Hauptziel des Buchs war die Konditionierung des Kindes auf die Volksgemeinschaft und den Führer.

Die brutale Wirkungsgeschichte dieses Ratgebers ist erst 1997 von der Autorin Sigrid Chamberlain in ihrem Buch »Adolf Hitler, die deutsche Mutter und ihr erstes Kind. Über zwei NS-Erziehungsbücher« ausführlich beleuchtet worden. Chamberlain untersucht darin die Auswirkungen jener nationalsozialistischen Erziehungsdoktrin auf die seelische Entwicklung einer ganzen Generation, die nach den Methoden der nationalsozialistischen Erziehung weniger erzogen als abgerichtet wurde. Abgerichtet vor allem zur Unterdrückung der eigenen Gefühle, zur völligen Selbstkontrolle und zur Härte gegen sich selbst. Die Journalistin und Autorin Sabine Bode, die mehrere Bücher über das Schicksal der Generation der Kriegskinder geschrieben hat, nennt Haarers Erziehungsratgeber eine der »vermutlich folgenreichsten Veröffentlichungen im Dritten Reich«. An erster Stelle stand für die Lungenärztin Haarer, die über Kinder nicht mehr wusste als über ihre eigenen, die Reinlichkeit. Ihr ist das längste Kapitel des Buches gewidmet. Der Säugling galt als unsauber, sein spezifischer Geruch musste fortwährend abgewaschen werden, denn: *»Ein richtig gepflegtes Kind riecht nicht!«* Es galt als renitent, wenn es weinte, und sollte, auch wenn es nur wenige Tage alt war, bis zum nächsten Fütterungstermin nicht aus der Wiege genommen werden. Haarer schrieb: *»Schreien lassen! Jeder Säugling soll von Anfang an nachts allein sein«.* Dem musste noch etwas Nachdruck verliehen werden, damit sich die moderne Mutter auch sicher sein konnte gegenüber Großmüttern, Tanten und Kinderfrauen »vom alten guten Schlag«, denn die könnten kein Kind schreien hören, *»ohne sich sofort darauf zu stürzen. Sie sind stets von Neuem empört über die ›herzlose, moderne‹ Mutter, die nach Erfüllung aller ihrer Pflichten in Ernährung und Pflege des Kindes … sich von ihrem Sprössling nicht tyrannisieren lässt.«* Liebe, Trost und Zuwendung gehörten nach Haarer nicht zu den Aufgaben einer modernen Mutter.

Dem Kleinkind sollte sogleich Ekel vor den eigenen Ausdünstungen, seiner Spucke, seinem Urin und seinen Exkrementen beigebracht werden, indem die Mutter dem Kind ausdrücklich ihren eigenen Ekel zu zeigen hatte. »Stellen wir ihnen die Durchnässung mit Harn, die Beschmutzung mit Stuhl und schlechte Gerüche als etwas Abscheuliches hin, und zeigen wir ihnen, dass derartiges immer sofort entfernt, beschmutzte Kleidung gewechselt werden muss. Wenn wir dies immer wieder unermüdlich tun, bekehren wir das Kind bald zu unserem Standpunkt.« So früh wie möglich hatte das Kleinkind sauber zu sein. Denn, so die Ratgeberin: »Jedes Kind ist eine Schlacht.« Mit dem Abhalten über das Töpfchen begann sie schon, bevor das Kind überhaupt sitzen konnte. Ihre Methode der Konditionierung: *»Sobald das Kind zu pressen beginnt, sagen wir ihm immer den gleichen Laut vor, der eben in der Kinderstube für diese Verrichtung üblich ist – z.B. ›A-aa‹ für Stuhl oder ›bsch-bsch‹ für das Brünnlein.«* Bei ihren Befragungen der Kriegskinder ist Sabine Bode darauf aufmerksam geworden, dass die meisten von ihnen bereits zwischen dem ersten und dem zweiten Lebensjahr »trocken« waren, obwohl Kinder dafür eigentlich erst ab dem dritten Lebensjahr ein eigenes Gefühl entwickeln können.

Da Haarer schon die »Erziehung« des Kleinkinds als fortgehenden »Kampf« beschreibt, durfte das Kind auch nicht durch Zärtlichkeit verweichlicht und damit vom eigentlichen Erziehungsziel abgebracht werden. Haarer warnte Mütter vor der »Affenliebe«: *»Solche Affenliebe verzieht das Kind wohl, erzieht es aber nicht.«* Zärtlichkeit erschien ihr äußerst suspekt: *»Das Überschütten des Kindes mit Zärtlichkeiten, etwa gar vor Dritten, kann verderblich sein und muss auf die Dauer verweichlichen. Eine gewisse Sparsamkeit in diesen Dingen ist dem deutschen Menschen und dem deutschen Kinde sicherlich angemessener...«* Ein »Zuviel« an Zuwendung war für Haarer eine Gefahr und hätte ja auch tatsächlich ihre Methoden überflüssig gemacht. Neben der Affenliebe warnte die NS-Autorin darüber hinaus vor

»der uns art- und wesensfremden Seelenkunde«, gemeint sind hier Psychologie und Psychoanalyse, die im Nationalsozialismus allgemein als »jüdisch« abgelehnt wurden. Sie schreibt: *»Es fehlt auch für die Erziehung des Säuglings und des Kleinkinds nicht an kompliziertesten psychologischen Theorien, die sich eine Zeit lang einer gewissen modischen Beliebtheit erfreuten … Damals bildete sich jener Typus von Eltern und Erziehern heraus, der über dem Beobachten und Erforschen der kindlichen Seelenregungen … die eigentliche ›Erziehung‹ völlig vergaß und das Kind in Wirklichkeit führerlos heranwachsen ließ.«* Das Buch war ein voller Erfolg, und zwar auf Jahrzehnte. Unter dem kaum abgewandelten Titel »Die Mutter und ihr erstes Kind« kam es 1949 in der Bundesrepublik erneut auf den Markt. Die nationalsozialistische Propaganda darin war zwar gestrichen, die Haltung gegenüber dem Kind aber war dieselbe geblieben. Das Buch galt nun weiterhin als Standardwerk. Die letzte Auflage wurde 1987 gedruckt.

Die Grausamkeit der nationalsozialistischen Kindererziehung bestand darin, Kinder von vornherein aus dem Kreis der Gemeinschaft auszuschließen, bis sie ihre körperlichen Funktionen so unter Kontrolle hatten, wie die Erwachsenen das vorgaben. Gemeinschaft sollte das Kind in den staatlichen Institutionen erleben, keinesfalls in familiärer Geborgenheit. Nicht nur alle Erkenntnisse der Kinderpsychologie und moderner Frauenheilkunde der Zwanzigerjahre mit Rooming-In, sanftem Stillen und Stärkung der Mutter-Kind-Bindung wurden so über Bord geworfen, sondern auch sämtliche Traditionen kinderfreundlicher Erziehung. Chamberlain wirft nun einen Blick zurück auf vormoderne bäuerliche Erziehungsmethoden in Deutschland und kommt zu einem bemerkenswerten Schluss. Es sei noch gar nicht so lange her, da habe es auch in Deutschland noch einen Umgang mit Säuglingen und Kleinkindern gegeben, der den Berichten von Ethnologen und Völkerkundlern aus entfernten Kontinenten recht ähnlich gewesen sei. Während man so voller Bewunderung auf die Weisheit fremder Völker blicke, sei die Weitergabe von Traditionen bei uns unterbrochen worden. Nach Chamberlain ist dieses absichtlich herbeigeführte Vergessen auch ein Mechanismus, der davor bewahre, längst fällige Auseinandersetzungen zu führen.

In Deutschland hat eine unvollständige Auseinandersetzung mit der Mütterpolitik im Nationalsozialismus aber bewirkt, dass nun alle Traditionen von Königin Luise bis zurück zu Luther stets dem Grundverdacht ausgesetzt sind, einen unheilvollen Mütter-Mythos begründet zu haben. Nur wird in dieser Darstellung das Rollenbild als Mutter für das Übel gehalten und nicht ihr Handeln. Eine folgenschwere Verwechslung. Denn die Mütter, die ihre Kinder nach NS-Anleitungen erzogen hatten, haben sich ja tatsächlich schuldig gemacht. Sie sind die klammheimlichsten Mittäterinnen. Doch über diese Schuld von Frauen ist bisher recht wenig gesagt worden. Sie bestand auch weniger darin, nicht als Bürgerin gehandelt zu haben, wie der Vorwurf von feministischer Seite lautet.

Denn die Verdrängung der Frauen aus dem öffentlichen Leben wurde brachial durchgesetzt, die Aktivistinnen der demokratischen und kommunistischen Frauenrechtsbewegungen radikal verfolgt. Wesentlich schwerer wiegt die verschwiegene Schuld, weil sie sich im abgeschlossenen Bereich des Privaten vollzog. Eine Schuld, die darin besteht, ein Kind durch gezielte Missachtung seiner natürlichen Bedürfnisse auf die angeblich »höheren« Bedürfnisse einer rassisch reinen Volksgemeinschaft eingeschworen zu haben.

Durch den religiös überhöhten Mutterkult der Nationalsozialisten mit seinen Kinderwagenparaden, Reichsmütterschulungen, Mutterkreuzen und Mutter-Erde-Opfertod-Oden war aber nach dem Krieg das ganze Rollenbild der Mutter verständlicherweise in Verruf geraten. Das Handeln dagegen war aus dem Blickfeld gerutscht. Nicht nur die Mutter hatte sich insgesamt diskreditiert. Mit ihr geriet auch die Mutter-Kind-Bindung unter Generalverdacht, eine Frau nur wieder in die Falle der alten Rolle tappen zu lassen. Dass die Mutter im Nationalsozialismus eine kalte Mutter zu sein hatte, also eine Mutter, die angehalten war, die Bedürfnisse ihres Kindes von sich abzuspalten, wurde kaum wahrgenommen. Da der Feminismus der Nachkriegszeit und hier vor allem die Neue Frauenbewegung immer das Rollenbild der Mutter und weniger ihr Handeln vor Augen hatte, wurde die Mutter auch historisch rückwirkend zu einer grundsätzlich Verdächtigen. Das Ergebnis war eine große und nachhaltige

Verunsicherung unter Frauen, wie sie sich Müttern gegenüber positionieren sollen und wie sie selbst als Mütter handeln dürfen.

Im Sozialismus sollte der Rollenzwang endgültig abgeschafft werden. Die Einbindung der Frauen in den Arbeitsmarkt galt als Befreiung. Mutterschaft jedoch blieb verdächtig. Das Kollektiv sollte die Frau von der alleinigen Bürde des Mutterseins befreien. Doch auch hier mussten die Kinder wieder auf etwas Größeres eingeschworen werden. Auch hier war eine fortschrittliche Mutter vor allem eine kalte Mutter. Wer sich als Frau länger als nötig auf sein Kind festlegte, galt als gefährdet, in die Strukturen der repressiven Kleinfamilie zurückzufallen – ein Erbe aus dem Dritten Reich. Bis heute, so hat man den Eindruck, ist dieser Grundverdacht gegenüber der Mutter und der Kleinfamilie nicht gänzlich ausgeräumt. Die Angst vor Rollenbildern, die sich rückblickend als fatal erwiesen haben, lässt eine tiefere Beschäftigung mit diesen Rollen kaum zu. Vor allem die Bedürfnisse von Kindern können so nur schwer beleuchtet werden.

Ein aktuelles Beispiel für die gewollte Abspaltung der eigenen Erfahrung und Intuition im Umgang mit Kleinkindern und außerdem Beispiel einer erstaunlichen Geschichtsvergessenheit ist das 2010 veröffentlichte populäre Buch der Entwicklungspsychologin Lieselotte Ahnert »Wieviel Mutter braucht ein Kind?«. Dem seltsam ungrammatischen Titel liegt die Behauptung zugrunde, wissenschaftlich fundierte Aussagen darüber machen zu können, wie viel mütterliche Zuwendung ein Kind tatsächlich braucht. Als könnte ein Zuviel dieser Zuwendung bereits schädlich sein. Es ist bemerkenswert, dass die Autorin gleich im Vorwort verlangt, alle persönlichen Erinnerungen und Erfahrungswerte beiseitezulegen, um diese Frage rein wissenschaftlich zu beantworten. Wie gesagt, die Frage lautet auch im Buch *»wie viel Mutter tatsächlich notwendig ist, um ein Kind optimal großzuziehen«*. Das klingt nicht unbedingt nach einer wissenschaftlichen Formulierung, es sei denn, man ersetzt »Mutter« durch »Butter«.

Ahnert schreibt: *»Dazu müssen wir unsere eigenen Kindheitserfahrungen erst einmal beiseitelegen, denn sie sind weitgehend verloren gegangen und wenig verlässlich. Um die Frühzeit der Entwicklung nachzeichnen zu können, brauchen wir die Kenntnisse, die durch entwicklungspsychologische, anthropologische und auch neurobiologische Forschung in den letzten Jahren gewonnen wurden.«* Unsere frühe Erinnerung sei verschüttet oder so bruchstückhaft, dass wir sie nicht abrufen sollen, so lautet der merkwürdige Rat der Psychologin Ahnert. Der Kinderpsychologe Wolfgang Bergmann dagegen schreibt, dass wir sehr wohl ein allgemeines menschliches Wissen darüber hätten, *»wie Kinder aufwachsen, wie sie sich entfalten und wie diese Entfaltung behindert wird.«* Doch genau dieses intuitive menschliche Wissen sollen wir nach Ahnert lieber im Kasten lassen. Es ist nämlich so, wie der verstorbene Wolfgang Bergmann nicht müde wurde mahnend zu wiederholen, dass wir

»ausgerechnet in der Förderpädagogik für die Kleinen haargenau das Gegenteil« tun. Das Gegenteil dessen, was nach unserem menschlichen Ermessen gut für Kinder ist.

Bei Ahnert sieht das so aus: Ausführlich widmet sich die Forscherin den von ihr selbst durchgeführten Stresstests an Kleinkindern. Fragen, die jeder Mensch, der seine Kindheit nicht vergessen hat oder sich in Kinder einzufühlen vermag, leicht beantworten kann, werden hier vermeintlich wissenschaftlich bestätigt. Wochenlang wurden Herzraten und Cortisolwerte (Cortisol ist ein Hormon, das ausgeschüttet wird, wenn Kinder in einen Zustand der Angst versetzt werden) von neu in die Krippe aufgenommenen Kindern gemessen, um dann festzustellen, dass die Anwesenheit der Mutter während der Eingewöhnungsphase eine große Hilfe bei der Stressbewältigung sein kann. Wer hätte das gedacht? Unter Ahnerts Anleitung helfen die Mütter also, *»die Elektroden mit den lustigen Gesichtern auf den Körper ihrer Kleinen zu kleben«*. Der wenig erstaunliche Befund: bei den *»regulären, täglichen Mutter-Kind-Trennungen stieg der Pegel.«* Wenn die Mutter geht, ist das für die Kinder also ein messbarer Schmerz. Erwähnenswert findet die Autorin auch, dass selbst italienische Kleinkinder ausgiebig protestierten, wenn die Mütter den Raum verließen, obwohl doch, so die erstaunte Forscherin, diese Krippen europaweit die besten Qualitätsstandards vorzuweisen hätten. Undankbare Bambini!

Wer nun glaubt, Ahnert beziehe sich vor allem auf Forschungen der letzten Jahre, sieht sich getäuscht. Bar jeder Aufarbeitung totalitärer Strukturen greift sie auf die Ergebnisse einer sowjetischen Forschungsgruppe aus dem Jahr 1970 zurück. Mit dabei Wissenschaftler aus Moskau, Sofia und Ostberlin (die Autorin schreibt nicht »Ost-Berlin«, sondern in DDR-Manier »Ostberlin»). Anlass dieser Forschungen war die schlechte Verfassung der frühen Krippenkinder in den kommunistisch regierten Ländern, die nicht nur Sprach- und Schlafstörungen aufwiesen, sondern unterernährt waren und unter einem geschwächten Immunsystem litten. Statt das System der Krippenbetreuung infrage zu stellen, wurden stattdessen die Kinder untersucht. Der Befund: Deren Stressbewältigung war blockiert! Bei Ahnert klingt es nun regelrecht rührend, wie sich die Sowjetmacht angeblich um eine Lösung bemüht hatte: *»Raissa Tonkowa-Jampolskaja vom Institut für Physiologie der Entwicklung und Erziehung der Kinder in Moskau/Russland machte sich mit ihrem Team sofort daran, praktische Maßnahmen zur Vorbereitung eines Kindes auf die Krippe zu entwickeln …«*

Das Ergebnis waren aber immer noch keine besseren Krippen, sondern die Erkenntnis, dass Kleinkinder sich vor dem ersten Lebensjahr besser in das System einfügen lassen. Eine Weisheit, die in DDR-Krippen zum Allgemeinplatz wurde. Besser gesagt: Je kleiner das Kind, desto weniger kann es sich wehren. Besonders dann, wenn es nicht einmal sprechen kann. Die ganze Erkenntnis aus

Ahnerts Stresstests lautet: Kleinkinder sollen in die Lage versetzt werden, ihren Stress selbst zu bewältigen. Darin liegt bereits eine Perversion von Kindererziehung. Kleinkinder sollen ihren Stress selbst abbauen, sie sollen also »selbstständig werden«, so ein häufig schon in Krippen und Kindergärten formuliertes »Bildungsziel«, bevor sie überhaupt ein Selbst-Bewusstsein aufbauen konnten. Dabei verbirgt das laxe und dehnbare Wort »Stress«, worum es wirklich geht. Kleinkinder bis zum Alter von etwa eineinhalb Jahren haben noch kein ausgeprägtes Verständnis von Zeit und Raum. Wenn die Mutter sie verlässt, wissen sie nicht, dass sie auch wiederkommt. Dieses Verständnis haben Kinder erst ab dem Alter von etwa 18 Monaten und auch nur dann, wenn sie vorher eine sichere Bindung erfahren haben und nicht ganztags abgegeben werden.

Wenn man bei Kleinkindern von »Stress« spricht, kaschiert man damit die existenzielle Angst, der man sie aussetzt. Und jede Erzieherin wird bestätigen, dass sie nicht in der Lage ist, einem Kleinkind diese Angst zu nehmen. Erzieherinnen können nur ablenken, im besten Fall trösten. Während die frühkindliche Erziehungsindustrie daran arbeitet, einen Ersatz für die Mütter zu finden, ist die Mutter für ein Kleinkind tatsächlich unersetzlich. In einer Gruppe von Kleinkindern nun potenzieren sich gar diese Ängste. Ahnert kennt das auch aus eigener Anschauung. Sie beschreibt anschaulich, wie ansteckend der »Stress« wirkt: *»Mit beginnender Tagesbetreuung erzeugt das Protestgeschrei der Neulinge selbstverständlich auch Stress bei den*

Erzieher/innen, die helfen wollen, das Wohlbefinden des Kindes wiederherzustellen.« Dazu müsse dann sofort Ruhe einkehren, *»da sich die Kleinen emotional schnell anstecken lassen. Die Hilferufe einzelner Kinder erfassen dann in der Regel die gesamte Gruppe.«* Denn es ist nun einmal so: Nur in der Familie wird ein Kind dafür geliebt, dass es ist, wie es ist. In der Gruppe muss es sich schnell anpassen, damit es für andere nicht zum Stressfaktor wird.

Es muss eigentlich nicht extra betont werden, dass Lieselotte Ahnert in der DDR eine der federführenden Psychologinnen für die Krippenbetreuung in einem Ost-Berliner Bezirk war. Später arbeitete sie für das 1990 aufgelöste »Institut für Hygiene des Kindes- und Jugendalters«, das die zentralen Erziehungsprogramme für alle DDR-Krippen erarbeitete. Heute ist sie eine renommierte Forscherin mit einem Lehrstuhl in Wien. Die wissenschaftliche Anmutung ihrer Erkenntnisse scheint sie der kritischen Betrachtung der Vergangenheit zu entheben. Und Ahnert ist nur ein Beispiel von vielen. Doch das vermeintlich neue wissenschaftliche Brimborium ist oft schlicht kinderfeindlich, weil sich dahinter die Legitimation verbirgt, Kinder möglichst früh zur Selbstständigkeit zu konditionieren, zur emotionalen Selbstkontrolle und eigenen Stressbewältigung. Es ist auf eine moderne und subtile Weise die Fortschreibung der Bildungs- und Erziehungspläne der DDR-Kindereinrichtungen, wissenschaftlich garniert und ohne selbstkritischen Blick auf die eigene Historie.

Da wie in der Bundesrepublik auch in der DDR eine Aufarbeitung der nationalsozialistischen, frühkindlichen Erziehungsmethoden kaum stattgefunden hat, ist es wenig verwunderlich, dass sich ähnliche Ansätze wie in Haarers Ratgeber auch in DDR-Erziehungsbüchern wie etwa in der »Säuglingsfibel« von 1972 wiederfinden: Reinlichkeit, Topf-Sitzen, pseudowissenschaftliche Konditionierungsversuche, Zurückhaltung von Zärtlichkeit und die Karikatur angeblich altbackener Mütterlichkeit. Man kommt nicht umhin festzustellen: Die Kultur der Kinderfeindlichkeit, die im Dritten Reich entstanden ist, wirft lange Schatten. Die angebliche Befreiung der Frau im Sozialismus hat der Kinderfeindlichkeit nicht entgegenwirken können. Im Gegenteil, die Frau war aus der Produktion nicht mehr wegzudenken, die Bedürfnisse von Kindern mussten dem Rechnung tragen. Auch im Westen hat die feministisch-marxistische Theorie die Frauen dazu angehalten, kalte Mütter zu sein. Es galt, der männlichen Dominanz im öffentlichen Raum etwas entgegenzustellen. Das Mutterbild war nicht mehr zu retten.

Drei Argumente werden seitdem immer wieder angeführt, wenn es um die frühkindliche Fremdbetreuung geht. Erstens die volle Gleichberechtigung und Gleichstellung der Frau auf dem Arbeitsmarkt. Zweitens die Teilhabe von Müttern am öffentlichen Leben und drittens die institutionelle Bildung der Kinder als wertvolle Ergänzung der familiären Betreuung. Von der DDR-Säuglingsfibel bis zu aktuellen Statements des Familienministeriums hat sich an dieser Tonlage nichts geändert. Keines der Argumente trifft jedoch die Befindlichkeit der Kinder. Ihre Bedürfnisse werden nicht einmal ansatzweise erfasst. »Bildung« ist dabei nur das Stichwort, um den staatlichen Zugriff auf Kleinkinder zu rechtfertigen. Während die Krippenerziehung in der DDR nachweislich Spuren in der psychischen und kognitiven Entwicklung von Kindern hinterlassen hat und ihr West-Pendant eine Verwahranstalt der staatlichen Fürsorge für soziale Härtefälle war, ist die Krippe nun zum Erfolgsmodell mutiert. Zu einer Art Allround-Lösung sämtlicher gesellschaftlicher Widersprüche von Gleichstellung, Teilhabe, Bildung bis hin zur sozialen Gerechtigkeit. Ihr heimliches Versprechen jedoch lautet, dass mehr Kinder geboren werden sollen, je früher man sie abgeben kann. Das hat viel mit Geburtenpolitik, aber wenig mit Kinderfreundlichkeit zu tun.

Dem Erziehungswissenschaftler und Kinderpsychologen Wolfgang Bergmann ist darüber der Kragen geplatzt. Im Buch der Autorin Hanne K. Götze, die 2011 eine Art Anti-These zu Ahnert mit dem Titel »Kinder brauchen Mütter« verfasst hat, beschrieb Bergmann den Wandel in der Familien- und Sozialpolitik, der das erklärte Ziel habe, Kinder so früh wie möglich aus der Familie herauszuholen und sie dem Einfluss staatlicher Institutionen zu unterstellen. Politik und Wissenschaft würden diese Ziele entgegen den tatsächlichen empirischen Forschungsbefunden auf dieses politische Ergebnis hin ausrichten, kritisierte Bergmann: *»Damit treten weite Bereiche der Sozial- und*

Familienpolitik ebenso wie die der Forschung in einen klaren Widerspruch zur Bedürftigkeit kleiner Kinder.« Diese bräuchten, so der Erziehungswissenschaftler, *»eine unbestreitbare Gefühlsgewissheit, die sich auf ihre Familien richtet, um sich in einer für sie befremdlichen und sie oft ängstigenden Welt zurechtzufinden.«*

Während auch der Kinderarzt Remo H. Largo in seinem Klassiker »Babyjahre« betont, wie wichtig das familiäre Gebundensein ist, lautet die Überschrift des Kapitels über den Trennungsstress bei Ahnert: »Weg vom Rockzipfel«. Largo aber schreibt: *»Das zweite und dritte Lebensjahr ist das Alter, in dem das Kind am Rockzipfel der Mütter hängt. Das Kind ist so groß und schwer geworden, dass die Mutter es nicht mehr den ganzen Tag herumtragen kann. Das Kind ist motorisch so weit unabhängig, dass es auch nicht mehr herumgetragen werden will. Aber es braucht die Nähe der Mutter.«* Diese Nähe gilt nicht nur im deutschen Feminismus oft genug als Weltflucht der Mutter, als Ausdruck des »Nicht-Loslassen-Könnens«. Sicher gebundenen Kindern wird dagegen unterstellt, sie seien verzogen. Die Bindungsforscher Klaus und Karin Großmann haben beobachtet, dass Deutsche, anders als ihre westlichen Nachbarn, das vermeintlich selbstständige Verhalten unsicher gebundener Kinder – also von Kindern, die nicht trotzen, gerne Zuflucht bei Fremden suchen und sich auch sonst auffällig zurückhalten – positiv beeindruckt seien. Diese Kinder gelten als besonders »selbstständig«. Auch Krippenkinder verhalten sich so. Und »Selbstständigkeit« gilt nach wie vor als anerkanntes Ziel der Fremdbetreuung von Kleinkindern.

Die spezifische Mütter- und Kinderfeindlichkeit im deutschen Feminismus, die die Frauenrechtsbewegung der Vorkriegszeit in dieser Ausprägung nicht kannte, ist offensichtlich stark durch die Pervertierung des Mutterbildes im Nationalsozialismus beeinflusst, ohne dass der Feminismus in Deutschland ein Bewusstsein davon entwickelt hat. Es ist nur verständlich, dass die Generation der 68er sich von Müttern und Vätern abgewendet haben, die diese Erziehungs-Maximen befolgten oder zuließen. In der Kinderladenbewegung wurde daher versucht, eine von solchen autoritären Zwängen freie und kindgerechte Erziehung wieder möglich zu machen. Auch die Reformpädagogik mit ihren Ansätzen aus den Dreißigerjahren wurde wiederentdeckt. Hier sollte jeweils die Gemeinschaft zum Familienersatz werden. Denn aus gutem Grund lag über der Erziehung durch die Eltern in Deutschland ein schwerer Schatten, ein Grundverdacht. Die Kleinfamilie galt per se als repressiv. Doch die Bindungsunfähigkeit wurde auch an die nächste Generation weitergegeben. Denn die 68er misstrauten sich selbst. Jede Art von Abhängigkeitsverhältnis sollte hinterfragt werden. Das natürliche Bedürfnis von Kindern nach familiärer Gebundenheit wurde dabei viel zu wenig beachtet, wurde gewissermaßen mit der berechtigten Kritik an den autoritär-repressiven Erziehungsformen der Dreißiger- und Vierzigerjahre gleich mit entsorgt.

Über die mangelnde Geborgenheit der Kinder sprach Adorno 1966 in seinem Hörfunk-Vortrag »Erziehung nach Auschwitz«: *»Vor allem aber kann man Eltern, die selber Produkte dieser Gesellschaft sind und ihre Male tragen, zur Wärme nicht animieren. Die Aufforderung, den Kindern mehr Wärme zu geben, dreht die Wärme künstlich an und negiert sie dadurch.«* Es ist eine niederschmetternde Erkenntnis, die Adorno hier festgehalten hat. Dass es nämlich Eltern, die als Kinder emotional vernachlässigt wurden, kaum möglich ist, diese Erfahrungen nicht auf die nächste Generation zu übertragen. In den Kinderläden wurde immerhin versucht, Kindern ein freies Leben ohne körperliche Gewalt und Konditionierung zu bieten. Das war möglich. Doch gewärmt hat es die Kinder nur selten. Adorno erklärte das mit der Künstlichkeit des Verhältnisses zwischen Kind und Erziehern: *»Überdies lässt sich in beruflich vermittelten Verhältnissen wie dem von Lehrer und Schüler, von Arzt und Patient, von Anwalt und Klient Liebe nicht fordern. Sie ist ein Unmittelbares und widerspricht wesentlich vermittelten Beziehungen.«* Doch im feministischen Diskurs der 70er Jahre stand dieses Adornosche Verständnis von unmittelbarer Liebe immer quer zu den Anforderungen an die emanzipierte Frau. Die Liebe zum Kind war suspekt, weil sie die Mutter in ihrer gesellschaftlichen Stellung vermeintlich schwächte. Diese Mischung aus Schwäche und Glück war für Frauen, die dem Kinderwunsch entsagten oder sich vor der Bindung zum eigenen Kind verschlossen, eine ungeheure Provokation. Das Mutterglück wird seitdem immer wieder als Mythos entlarvt, als Rückfall in dunkelste Zeiten.

Erst der sogenannte »ökologische Mütterfeminismus« der 80er Jahre war ein Versuch, das Verhältnis zwischen Mutter und Kleinkind wieder aufzurichten. Doch das Rollenmuster der Frau als Mutter galt gleichwohl als rückschrittlich. Der Mütterfeminismus hatte im feministischen Diskurs kaum Aussichten, ernst genommen zu werden. Seither sind Mütter, die ihre Kinder in einem familiären Umfeld selbst erziehen, aus der öffentlichen Wahrnehmung so gut wie verschwunden. Nur am Rande kommen sie vor, wenn es um das Abgeben von Kindern und die Vereinbarkeit von Beruf und Familie geht. Sie müssen dann als Beleg dafür herhalten, dass die Gleichstellungspolitik nicht greift. Selbstbestimmtes Handeln scheint für diese Mütter ausgeschlossen.

So ist die Verkennung der Bedeutung der Mutter-Kind-Bindung und ihre Abwertung als bürgerlich-patriarchalischer Mythos bis heute auch eine Verkennung der Mechanismen moderner Ideologien, die diese Bindung gar nicht zulassen wollen. Denn sicher gebundene Kinder lassen sich nur schwer auf fremde Ziele konditionieren. Chamberlain schreibt über den Teufelskreis, in den die nach Haarer erzogenen Kinder geraten konnten: *»Verweigerte Nähe führt zum Klammern, das Klammern wiederum provoziert Zurückweisung und weitere Verweigerung, was wiederum die ungestillte Sehnsucht des Kindes nach Nähe größer* *werden lässt. So wird das Kind zunehmend anfällig für unheilvolle Symbiosen.«* Das gilt für alle Arten totalitär-autoritärer Kindererziehung. Natürlich darf die Mutter-Kind-Bindung nicht instrumentalisiert werden, um Frauen vom Arbeitsmarkt fernzuhalten. Wer sie aber als Bollwerk gegen die Gleichstellung deutet, muss sie zwangsläufig verleugnen.

Wenn es also überhaupt eine spezifische Charakteristik der »deutschen Mutter« gibt, dann ist diese seit dem Dritten Reich eine Mutter, die glaubt, nach Anleitung handeln zu müssen, und die dem eigenen Gefühl misstraut. Doch darüber wird im modernen Feminismus nicht geredet. Die Literaturwissenschaftlerin Vinken dagegen möchte mit dem angeblich übermächtigen mythischen Bild der deutschen Mutter noch eine weitere Erklärung liefern. Nämlich die, wie es vom »Volk ohne Raum« zum »Land ohne Leute« gekommen sei. Auch zum Geburtenrückgang in Deutschland soll dieser Mythos beigetragen haben, da Frauen hierzulande Kinder und Karriere nun einmal nicht verbinden könnten. Wahr daran ist, dass nach Auskunft des Bundesinstituts für Bevölkerungsforschung tatsächlich die Länder, in denen nationalistische Regime eine missbräuchliche Politik der Geburtenförderung betrieben haben, bis heute eine deutlich niedrigere Geburtenrate aufweisen als Vergleichsländer. Das betrifft Japan, Spanien, Italien und Deutschland.

Die Frauen in diesen Ländern scheinen noch bis in die nächste und übernächste Generation hinein tief verunsichert zu sein. Der Geburtenrückgang in Deutschland jedenfalls hat mit Sicherheit weitaus komplexere Ursachen als mangelnde Karrierechancen für Frauen. Ganz ohne Karriere ist es schon schwer genug, Mutterschaft und Kind zu vereinbaren, wenn die Mutter dem Leitbild der kalten Mutter folgt. Denn eine Mutter, die dazu angehalten wird, die Bedürfnisse ihres Kindes von sich abzuspalten, verliert die Autonomie über ihren Status als Mutter. Und sie riskiert die positive Ausprägung des Ich-Gefühls ihres Kindes. Denn der einzige Maßstab in der frühkindlichen Entwicklung ist das Vertrauen zwischen Mutter und Kind. Wie kann man aber jemandem vertrauen, wenn man ihn gar nicht kennt?

6 Early Learning: Erziehungshype und Bildungsindustrie

In Deutschland werden Eltern seit dem sogenannten »PISA-Schock« beraten, subventioniert und eingewickelt wie ein bankrottes Staatsunternehmen vor der feindlichen Übernahme. Der Feind ist die Zukunft, eigentlich ein Freund der Kinder, aber für die Eltern das Schreckgespenst ihrer eigenen Versagensängste. Denn immer mehr Eltern fürchten, nicht nur beruflich, sondern auch in der Erziehung ihrer Kinder zu versagen. Sie haben Angst, ihnen in einer globalisierten Welt wichtige Bildungsangebote nicht rechtzeitig zur Verfügung zu stellen und so ihrem Kind dauerhaft einen schlechteren Start in die Zukunft zu ermöglichen. Diese Ängste sollen durch möglichst frühe Bildung der Kinder kompensiert werden. Doch mit der künstlichen Aufwertung vermeintlicher »Bildung« für Säuglinge und Kleinkinder hat sich ein neues Prinzip in die frühkindliche Entwicklung und ihre Erziehungskonzepte eingefräst: Konkurrenz.

Der Wettkampf um die besten Startpositionen ins Leben beginnt heute schon mit dem Durchleuchten des mütterlichen Bauchs. Wenn das Kind dann da ist, muss es auch funkeln wie ein Kristall, so beschreibt es der Kinderarzt Remo H. Largo. Das Kind soll die Mühe lohnen. Es soll einen Ertrag abwerfen. Und dazu muss es optimiert werden. Denn nach dem zynischen Urteil des Pisa-Forschers und Sozialwissenschaftlers Hans Bertram brauchen wir gar nicht mehr Kinder, wenn es nur gelingt, die Quote von Akademiker-Kindern zu steigern. Die Weitergabe des Lebens an sich verspricht da wenig gesellschaftlichen Nutzen, folgt man diesem Urteil. Möglichst frühe Bildung dagegen scheint die neue Währung der angepeilten Humankapitalrendite zu sein. Das Heranwachsen der Kinder wird an Bedingungen für ihr späteres Funktionieren geknüpft, von der bilingualen Krippe bis zum Campus für Einjährige.

Durch die Angst der Eltern und den immer drängenderen Zugriff des Staates auf die Kinder werden aber die Bedürfnisse der frühkindlichen Entwicklung umgedeutet. Die Notwendigkeit von Liebe und Zuwendung, die voraussetzungslos-hingebungsvolle Pflege durch die Eltern, wird schleichend ersetzt durch den Begriff der institutionellen Bildung, also der Prägung des Kindes durch außerfamiliäre Institutionen. Auch die Zeit der normalen Kindesentwicklung bekommt nun einen neuen Drive. Während man bisher davon ausging, dass ein Kind sich in seinem familiären Umfeld langsam zu einem Charakter mit Ich-Bewusstsein heranbildet, soll die Entwicklung zur »Selbstständigkeit« nun ab dem frühestmöglichen Zeitpunkt – also bei »Null« – bereits durch institutionelle Erziehungs- und Bildungskonzepte beschleunigt werden.

Doch diese Beschleunigung ist in Philosophie, Bildungs- und Entwicklungsforschung durch nichts zu rechtfertigen. Im Gegenteil: »Bildung« heiße Zeit zu verlieren, Umwege zu gehen, so formulierte es der Kinderpsychologe Wolfgang Bergmann. Und Adorno sagte, der tiefste Defekt sei heute, dass die Menschen nicht mehr zur Erfahrung fähig seien, weil sich immer wieder eine stereotype Schicht dazwischenschiebe, der man sich widersetzen müsse. Die mittlerweile allseits praktizierte stereotype Pädagogik der Maria Montessori, Ehrenmitglied der italienischen Faschisten, die ihre Methoden dem Menschenbild des Duce angepasst hatte, hielt Adorno schlicht für verdummend. Er warnte vor dem gesellschaftlichen Zwang zur »Nicht-Individuation«, zum Mitmachen. Denn Individuen könne man nun mal nicht züchten wie Pflanzen. Immer wieder bezog Adorno sich in seinen Vorträgen über die »Erziehung zur Mündigkeit« auf Kant, den größten Aufklärer unter den deutschen Philosophen. Auch nach Kant ist der tiefere Sinn des Denkens die Erfahrung in Bezug auf das eigene Ich. Bildung und Erziehung können bzw. sollen also gerade nicht auf normierte und rein formallogische Abläufe reduziert werden.

Vor der Ausweitung der Fremderziehung auf sämtliche Lebensräume der Kinder warnte auch die Soziologin Katharina Rutschky sehr eindringlich in ihrem Standardwerk über die Schwarze Pädagogik. Nach Rutschky bedeutet die Verwissenschaftlichung der Erziehung Folgendes:

»1. Zerstörung naturwüchsiger und traditioneller, selbstverständlicher und nichtgeplanter Sozialisationsprozesse; 2. Professionalisierung, immer weiter zunehmende Spezialisierung der Erziehertätigkeit ... 3. Extension der Bereiche, für die Erziehung sich verantwortlich fühlt, und die vor, neben und nach dem Unterricht für die Kinder liegen. So heißt Verwissenschaftlichung der Erziehung auch Einlösung eines Totalitätsanspruchs, den bereits Rousseau in seinem Erziehungsroman ›Emile‹ angemeldet hatte. Dort ist das Kind schon völlig Artefakt eines Erziehers – in dessen Position Rousseau sich selber fantasiert –, der unter Laboratoriumsbedingungen arbeitet. Das Kind hat keine Eltern, keine Geschwister, ist überhaupt keinen Einflüssen ausgesetzt, die nicht kalkuliert sind oder vom Erzieher kontrolliert werden können. Zu Unrecht hat man dieses Arrangement auf Rousseaus Festhalten an der Hofmeistererziehung zurückführen wollen; denn was er in deren Metaphorik imaginiert, bestimmt als zentrale Fantasie alle Pädagogen nach ihm.«

Untersucht man nun die neuen Bildungs- und Erziehungspläne quer durch alle Bundesländer, gewinnt man den Eindruck, ihre Verfasser haben niemals etwas von Kant bis Adorno und schon gar nichts von Schwarzer Pädagogik gehört oder gelesen. Völlig unbeleckt von den besten Traditionen deutscher Aufklärung und Bildungsforschung hat sich die Sprache der Wirtschaft in diesen Plänen breitgemacht. Es geht um eine Art Corporate Social Responsability für den Faktor Kind, das auf Optimierung und Effizienz getrimmt werden soll. Dazu muss das

Kind freigehalten werden von allen familiären und privaten Bezügen. Die Parole dafür lautet in allen Bundesländern nun: »Bildung von Anfang an«. Für diesen Anfang des Lebens geben die Pläne eine Null vor, ab der das Bildungsprogramm abgerollt werden soll. Unter einem Kind von zehn Jahren kann sich jeder etwas vorstellen. Was aber hat man sich unter einem Kind von null Jahren vorzustellen? Hessen rühmt sich nun, als erstes Bundesland den Anspruch auf »Bildung von Anfang an« eingeführt zu haben. Auf der Homepage der hessischen Landesregierung heißt es: *»›Jedes Kind in Hessen soll möglichst früh, möglichst optimal und nachhaltig gefördert werden‹, dies ist das erklärte Ziel der Hessischen Landesregierung. Der Bildungs- und Erziehungsplan nimmt die besonders lernintensive Altersspanne von 0 bis 10 Jahren in den Blick und stellt das Kind in den Mittelpunkt aller Überlegungen und nicht mehr die Institution. Die gemeinsame Erarbeitung und Herausgabe eines Bildungs- und Erziehungsplans durch das Hessische Sozialministerium und das Hessische Kultusministerium unterstreicht den institutionenübergreifenden Aspekt.«*

Was hier scheinbar Institutionen-kritisch formuliert wird, ist in Wirklichkeit nur die Verschleierung ihrer tatsächlichen Aufgaben. Nicht mehr die Institution soll sich also dem Kind anpassen. Das ist in der Tat neu, denn bisher konnte man die Aufgaben von Betreuungs- und Bildungseinrichtungen nach dem Alter der Kinder definieren: also Kindergarten von drei bis sechs Jahren, Grundschule von sechs bis zehn oder zwölf Jahren etc. Nun aber sollen die

Kinder passgenau für die Institutionen gemacht werden. Es genügt also in Zukunft die Proklamation, eine Institution vermittele Bildung, und schon gehört das Kind hinein. Ganz egal, was dort tatsächlich vermittelt wird. Auch Reifeprozesse werden nun nicht mehr abgewartet, sie werden schlicht für überkommen erklärt. Hinter der Proklamation »Bildung von Anfang an« verbirgt sich der Versuch einer Nivellierung kindlicher Entwicklungsprozesse vor dem ebenso abstrakten wie allgemeinen Ziel von »Bildung«.

So kann man das immer wieder in der Debatte um den Sinn der Früheinschulung hören. Während die Einschulung von Fünfjährigen, wie sie etwa im Bundesland Berlin einige Jahre verpflichtend war, ihren wahren Grund in der Entlastung der Kita-Etats hat, wird sie vordergründig als Bildungs-Offensive verkauft. Um zu kaschieren, dass ein Großteil der Fünfjährigen, darunter vor allem Jungen, den Anforderungen schulischer Bildung zu diesem Zeitpunkt noch nicht gewachsen ist, wurden jahrgangsübergreifende Klassen eingerichtet. Statt »sitzen zu bleiben« können Kinder nun die ersten beiden Klassen auch in drei statt in zwei Jahren durchlaufen. »Verweilen« heißt das auf neudeutsch. Doch was ist damit gewonnen? Bei den meisten Kindern ist dieses »Verweilen« keine Folge mangelnden Intellekts, sondern ausschließlich mangelnder Reife. Gerade Jungen sind davon besonders betroffen. Die Negierung von kindlichen Reifungsprozessen mündet fast immer in die totale Überforderung von Kindern.

In keiner einzigen Schule mit Früheinschulung wurde auch nur ein Garderobenhaken niedriger gehängt, stattdessen wird nun immer häufiger das angebliche »Konzept« der »Schulreife« infrage gestellt. Das ist auch wesentlich kostengünstiger, als Grundschulen auf die Bedürfnisse von Fünfjährigen umzurüsten. Die Kinder müssen sich also den Institutionen immer mehr anpassen. Das Schlagwort der »Bildung« ist dabei das Vehikel, um auch die Tagesbetreuung von Kleinkindern verpflichtend zu machen. Die Berliner SPD hatte 2006 bei der Friedrich-Ebert-Stiftung ein Gutachten in Auftrag gegeben, um zu prüfen, ob es rechtlich möglich sei, eine allgemeine Kitapflicht einzuführen. Die Gutachterin und ehemalige Berliner Justizsenatorin Lore Maria Peschel-Gutzeit kam zu dem Schluss, dass diese Pflicht mit dem grundgesetzlich garantierten Elternrecht an der Erziehung der eigenen Kinder nach Artikel 6 kollidieren könnte.

Wenn Kindertagesstätten allerdings als Bildungseinrichtungen definiert würden, ließe sich daraus, ähnlich wie bei Schulen, eine Besuchspflicht ableiten. Denn der Staat hält das Bildungsmonopol. Auch gegen den Willen der Eltern könnte dann der Besuch von Krippen und Kitas für Kleinkinder verpflichtend werden. Die letzte Barriere dafür ist die Beitragsfreiheit. Als Konsequenz ließ der Berliner Senat die Einschulung vorziehen und senkte die Elternbeiträge. Dem Neuköllner SPD-Bürgermeister Heinz Buschkowsky war das noch nicht genug. Wo denn geschrieben stehe, dass der Staat den Eltern die fünfjährigen Kinder wegnehmen dürfe, aber nicht die dreijährigen, fragte er im Berliner *Tagesspiegel*. Wenn der Staat Banken verstaatlichen dürfe, könne er auch eine Kitapflicht einführen. So denkt nicht nur ein Problemkiez-Bürgermeister, so denkt mittlerweile die gesamte Führungsspitze der SPD.

Dabei lässt der massive Ausbau der frühkindlichen Fremdbetreuung und die gleichzeitige Forderung, deren Nutzung für Eltern kostenfrei zu gestalten, Schlimmstes für die Qualität dieser Einrichtungen befürchten. Doch die zu führende Debatte über schlechte Betreuungsschlüssel, billiges Mensa-Essen und überfordertes Personal findet nicht statt. Die körperlichen Bedürfnisse von Kleinkindern werden von der Bildungsdebatte weggewischt. Dabei warnen Pädiater seit Jahren vor den Folgen der Krippenbetreuung. Durch sie werde eine *»massive chronische Stressbelastung in der hochsensiblen Phase der frühen Hirnentwicklung ausgelöst«*, sagt etwa der ärztliche Leiter des Sozialpädiatrischen Zentrums in Bielefeld, Rainer Böhm.

Auch die mit einem Studienzeitraum von 15 Jahren längste und mit einer Finanzierung von 150 Millionen US-Dollar teuerste Langzeitstudie über den Einfluss der Krippenerziehung auf die soziale und kognitive Entwicklung von Kindern (*Study of Early Child Care and Youth Development*, SECCYD, 2005), durchgeführt vom amerikanischen *National Institute of Child Health and Human Development* (NICHD), hatte zum Ergebnis, dass die Krippe erhebliche Risiken für Kinder birgt, vor allem für ihre soziale

Kompetenz. Die Forscher, die die Kinder begleiteten, beobachteten bei Krippenkindern vermehrt aggressives und auffälliges Verhalten bis in die Pubertät, eine höhere Delinquenz und eine stärkere Neigung zu Depressionen. Die Empfehlung der Autoren der Studie lautete, Eltern besser direkte Geldtransfers zukommen zu lassen, um sie in die Lage zu versetzen ihre Kinder selbst zu betreuen. Auch sollten Eltern darin geschult werden, gute Betreuungseinrichtungen überhaupt erkennen zu können.

Das Wort »Bildung« wird nun aber synonym für die institutionelle Fremdbetreuung von Säuglingen und Kleinkindern verwendet. In diesem Zusammenhang meint es ausdrücklich nicht die Erziehung durch die Eltern. Diese Uminterpretation des Begriffs frühkindlicher Bildung »von Anfang an« wirkt viel subtiler als Olaf Scholz' martialischer Versuch, »die Lufthoheit über den Kinderbetten« zu erobern. Denn wer kommt schon auf den Gedanken, dass »Bildung« das Kindeswohl gefährden könnte? Das neue und immer engmaschigere Bildungsnetz, das nun gesponnen werden soll, erinnert an das von Adorno beschriebene Gefühl des Eingesperrtseins, der Klaustrophobie der Menschheit in der verwalteten Welt. Die Maschen des Netzes sind so dicht, dass niemand mehr heraus kann. Eine subtile Vergesellschaftung der Familien ist die Folge.

Immer mehr Eltern räumen den Platz nun kampflos. Viele von ihnen zweifeln heute schon zu einem sehr frühen Zeitpunkt daran, für die adäquate Erziehung und Bildung ihrer Kinder ausreichend kompetent zu sein. Der steigende wirtschaftliche Druck auf Väter und Mütter bewirkt außerdem, dass immer mehr Eltern glauben, den Alltag ohne Kinder besser bestehen zu können. Eine Art Hänsel-und-Gretel-Komplex hat sich unter ihnen breitgemacht. So wie der Holzfäller-Vater aus dem Märchen einen im Wind klappernden Ast am Baum befestigt, damit die ausgesetzten Kinder glauben sollten, die Eltern seien noch da, soll die institutionalisierte »Bildung« nun die Anwesenheit der Eltern ersetzen. Für Kleinkinder ist das etwa so beruhigend wie das Astklappern im Wald. Doch viele Väter und Mütter befürchten, mit ihren Kindern unter die Räder zu kommen.

Gerade diese Unsicherheit lässt die Nachfrage nach Ratgeber-Literatur auf ein bisher unbekanntes Ausmaß anschwellen. Super-Nannys, Erziehungspäpste, Entwicklungspsychologen, Ärzte, Pädagogen und jede Menge selbst ernannter Experten reden mit und verfassen »Anleitungen« für die immer ratloseren Eltern. Mittlerweile gibt es sogar eine »Anleitung zum Großelternsein«. Im Bundesland Berlin bekommen Eltern über Jahre hinweg kostenlose »Eltern-Briefe« vom Senat, die genauestens über den aktuellen Stand der Entwicklung eines Kindes vom Säugling bis zum Schulkind informieren. Eltern, deren Kinder sich anders entwickeln, oder die ihre Kinder anders erziehen, als das in den Eltern-Briefen vorgesehen ist, geraten in Erklärungsnot. Während man sich in Soziologie und Politik kritisch mit normativen Zwängen auseinandersetzt, wird kindliches Verhalten zusehends normativ betrachtet.

Eltern scheinen kaum noch eine Alternative zum möglichst frühen Abgeben der Kinder in Fremdbetreuung zu sehen. Die vermeintlichen Argumente dafür werden massiv vorgetragen: Frühkindliche Bildung, Spracherwerb, die Fähigkeit zur Selbstständigkeit, ein besseres Sozialverhalten, Erwerb von Fremdsprachen, Bewahren vor Missbrauch in der Familie, Erlernen anderer Rollenvorbilder, Geschwisterersatz, Familienersatz. So jedenfalls lauten die häufigsten Gründe für das Abgeben der Kinder. Der wahre Grund ist aber wie im Märchen der »Hunger« der Eltern, ihre Angst vor der Zukunft.

Für die Kinder hat das Folgen. Nichts verunsichert sie mehr als der Blick der Eltern, der sagt: Wir können dir auch nicht mehr helfen. Ein massiver Vertrauensverlust zwischen Eltern und ihren Kindern ist die Folge, während gleichzeitig die Möglichkeiten des bezahlten Personals vollkommen überhöht werden. Dabei können beruflich vermittelte Verhältnisse niemals an die Stelle familiärer Bindungen treten. Doch überall sprießen nun »Elternakademien«, Mütter- und Väterkurse aus dem Boden. In Arztpraxen und Kitas hängen seit neuestem Plakate, auf denen zu Kursen über die »Körpersprache des Kindes« eingeladen wird. Auf einem Foto ist ein Kleinkind zu sehen, das die Ärmchen reckt. Der Bildtext lautet: »Das

Kind möchte Kontakt zu Ihnen aufnehmen«. Es sollte ein Alarmzeichen sein, wenn Eltern solche ursprünglichen Gesten nicht mehr ohne fremde Hilfe deuten können. Doch elterliche Intuition verschwindet in dem Maße, in dem Erziehung zur Wissenschaft überhöht wird. Dabei liegt ihr, ebenso wie der Elternschaft, vor allem Erfahrung und Intuition zugrunde. Wenn Kinder aber aus dem öffentlichen Leben verschwinden und in Institutionen aufwachsen, gibt es für junge Eltern keine Vorbilder mehr. Statt ihren Kindern Trost zu spenden, werden die Eltern selbst zu Ratsuchenden.

Das zu frühe und oft aus der Not geborene Abgeben der Kinder führt außerdem zu einer nur schwer zu unterdrückenden Form der Trauer, ganz besonders bei Müttern und ihren Kleinkindern. Ein Beispiel dafür ist der Eintrag einer jungen Mutter in einem Elternforum über die Eingewöhnungsphase ihres einjährigen Kindes: *Hallo Ihr Lieben. Seit einer Woche ist Niklas (1) nun in der Krippe, dort sind 2 Erzieher auf ca. 14 Kinder. Davon sind aber noch 2 Baby und 2 Krabbelkinder in Niklas' Alter. Ich war die letzen Tage ja immer mit dabei, weil wir ja noch in der Eingewöhnung sind und jeden Tag frage ich mich aufs Neue: Wie läuft das, wenn ich nicht da bin??? Dafür dass so viele Kleine dabei sind, finde ich zwei Erzieherinnen echt wenig. Die eine ist nonstop bei den Kleinen, ist ja klar … und die andere ist entweder bei den Großen malen oder wickeln, Zähneputzen etc. Was ja eigentlich auch alles ok ist. Aber Niklas hängt da total zwischen, die ganz Kleinen sind zu klein, die in seinem*

Alter sind noch bei den ganz Kleinen, weil die auch erst krabbeln, und die Großen malen, basteln, lesen und spielen gemeinsam. Er rennt denn immer rum spielt mal hier, spielt mal da, rennt ins «Badezimmer«, spielt mit dem Waschbecken und den Toiletten, geht dann in die andere Gruppe, wo er dann auch mal klettern geht und keiner bekommt das so wirklich mit. Ich weiß, dass da nichts passieren kann, aber irgendwie ist das ein komisches Gefühl und ich finde einfach, gerade weil er noch klein ist, aber schon läuft, und so muss man ihn noch einmal mehr mit im Blick haben. Natürlich ist mir auch klar, dass er nicht die ganze Zeit beobachtet und betüddelt werden kann. Aber ich finde für die Menge an Kindern, gerade mit den Babys, muss noch eine mehr da sein. Wie ist es denn bei Euch so? Kindergartenzeit ist für Eltern echt nicht schön!!!! LG Anna, die irgendwie doch ganz traurig ist.
(www.urbia.de/archiv/forum/th-1714281/Kita-wieviele-Kinder-und-wieviele-Betreuer.html)

So sieht die Wirklichkeit hinter den Bildungs- und Erziehungsplänen aus. Die Trauer der Mütter, die sich zu früh von ihren Kindern trennen müssen, wird auch im feministischen Diskurs konsequent ausgeblendet. Nur wer sich aus der Arbeitswelt ausgeschlossen fühlt, darf mit Verständnis rechnen. Wer an der Trennung vom eigenen Kind leidet, erntet dagegen Kopfschütteln. Um diesen Schmerz kleinzureden, haben Wirtschaft und Gleichstellungspolitikerinnen die Mär von der »Qualitätszeit« eingeführt. Nicht am Arbeitsplatz, sondern zuhause solle gelten: weniger sei mehr. Es komme nicht darauf an, wie viel Zeit man mit seinen Kindern verbringe, sondern dass man die wenige Zeit möglichst optimal nutze. Doch dieses Konzept funktioniert ja auch nicht am Arbeitsmarkt. Niemand kann einen Job von acht Stunden ebenso gut in vier Stunden erledigen. Wieso sollte das ausgerechnet im Umgang mit Kindern funktionieren? Jeder weiß, dass Kinder auf Kommando so gut wie nichts von sich preisgeben. Wer mit ihnen kommunizieren will, muss sich Zeit für sie nehmen. Warum wird trotzdem immer wieder behauptet, diese »Quantitätszeit« sei verschwendet? Auch die amerikanische Psychotherapeutin Daphne de Marneffe merkte in ihrem Buch »Die Lust, Mutter zu sein« erstaunt an: *»Hermetisch abgeschlossen, heftig umkämpft und merkwürdig schwer zu fassen ist dagegen immer noch der Bereich der Versorgung und Betreuung der Kinder; worum es hier geht, ist, Stunden und Tage mit ihnen zu verbringen, um ›Zeit als Quantität‹ also, und um die Frage, welche Bedeutung und welchen Wert sie nicht nur für Kinder, sondern auch für Mütter hat.«* Warum nur kommt diese Frage im feministischen Diskurs nicht vor?

Die Trauer der Kinder wiederum äußert sich in der steigenden Zahl von Verhaltensauffälligkeiten. Diese Auffälligkeiten werden schnell zu Krankheiten umgedeutet. Denn an einem kranken Kind ist vordergründig niemand schuld. Man kann es therapieren. Ein trauerndes Kind muss getröstet werden. Ein Schreikind dagegen wird behandelt. Die Therapierung von Kindern, die gar keine klinischen Symptome aufweisen, im eigentlichen Sinn also gar nicht krank sind, wird nun zunehmend in die Tageseinrichtungen verlagert. Ergotherapeuten, Logopäden und Psychotherapeuten werden herangezogen, um die Kinder vermeintlich »optimal« zu versorgen. Immer häufiger sollen etwa Logopäden Kitakindern Lautbildungen antrainieren, zu denen sie altersbedingt noch gar nicht in der Lage sind. Auch die Vergabe von Psychopharmaka an Kinder ist laut Auskunft der Krankenkassen in einem besorgniserregenden Maße in die Höhe geschnellt.

Diese Entwicklung aber wird auf Dauer eine neue Schwarze Pädagogik hervorbringen. Kindern wird heute keine Triebstruktur mehr unterstellt, sie gelten demgemäß auch nicht mehr als böse und unerzogen wie im 19. Jahrhundert. Immer häufiger gelten Kinder heute dagegen als krank. Nicht die Lebensumstände des Kindes, die Kinder selbst werden zu »Fällen«. Dadurch besteht die Gefahr, dass ihre Therapie auch als Mittel zu ihrer Züchtigung eingesetzt wird. Doch in den Bildungsinstitutionen wird diese Tendenz kaum beachtet. An vielen Grundschulen etwa werden Kinder, die Förderung brauchen, stereotyp auf vier Auffälligkeiten getestet: Dyslexie oder Lese-Rechtschreibschwäche, Dyskalkulie, Hochbegabung und auf ADHS oder ADS, das sogenannte »Aufmerksamkeitsdefizit-Syndrom«. Wird einem Kind, meist sind es Jungen, dieses Syndrom zugeschrieben, landet es schnell beim Arzt. Aus Förderung wird dann Behandlung, ein unzulässiger Eingriff in die Integrität von Kindern. Doch den subtilen Mechanismen auf diesem Weg können Eltern sich kaum noch entziehen.

Der immer frühere Zugriff auf Kinder wird aber nicht nur in staatlichen Bildungsplänen gefordert. Auch der private Markt für frühkindliche Betreuung boomt. Auch hier wird die Kindheit Leistungsanforderungen ausgesetzt, die mehr mit den Projektionen Erwachsener als mit kindlichem Spieltrieb zu tun haben. Vor allem Mütter versuchen viel zu oft, diesen Projektionen gerecht zu werden und ihr Kind zu perfektionieren: in der Schule, auf dem Sportplatz, beim Musizieren. So geben Mütter den gesellschaftlichen Druck, dem sie selbst ausgesetzt sind, nämlich alles zugleich leisten zu müssen, unbewusst an ihre Kinder weiter. Und machen sich dadurch schon wieder angreifbar. Der Erziehungshype ist zu einer lukrativen »Bildungsindustrie« geworden. Kinderschulen für Einjährige mit bilingualem Zweig sprießen wie Pilze aus dem Boden. Privatschulen nennen sich gleich Campus und werben mit Globalisierung und Internetkompetenz, also den klassischen Gebieten für Versagensängste der Eltern. Das Konzept vieler öffentlicher und privater Träger von Tageseinrichtungen orientiert sich an den in England entwickelten *Early Excellence Centres*. Hier wird allen Kindern das Potenzial zugesprochen, »exzellent« zu sein. Ihre Individualität solle im Mittelpunkt der Erziehung stehen. Dennoch geht es dabei um Gruppenerziehung. Die Rolle der Eltern erfährt eine subtile Umdeutung. Sie gelten nur noch als gleichberechtigte Partner in der Kindererziehung.

»Bildungspartnerschaft« zwischen Eltern und Erzieherin heißt das dann. Ansprüche der Eltern scheint es nicht zu geben, das Angebot an sie lautet, sie in die Bildungsprozesse mit einzubeziehen und mit den Erziehern zusammenarbeiten zu lassen. Die Institution gibt hier ganz klar den Weg vor. Sie soll auch gleich zum neuen Familienzentrum werden. Wie im Umgang der Wirtschaft mit heftig umworbenen »High Potentials« wimmelt es in den Early Excellence-Programmen vor Superlativen: Den Kindern solle der »bestmögliche Start« geboten werden, den Eltern »Spitzenleistungen« für ihre Kinder und deren »Kompetenzen«. All dies ist selbstverständlich verknüpft mit Bildungs- und Beratungsangeboten für die Eltern. Kaum verhohlen steht hinter diesem Ansatz das Misstrauen in die Erziehungsleistung von Familien. Denn die Early Excellence Programme wurden aus der Sozialarbeit mit Unterschichtskindern in amerikanischen und britischen Arbeiterstädten entwickelt. Ihre Achillesferse ist, dass der Anspruch, allen Kindern eine gute Entwicklung zu ermöglichen, mit der Unterstellung einhergeht, elterliche Erziehung sei grundsätzlich defizitär.

Die superlativischen Erziehungsziele auf dem privaten wie dem öffentlichen Bildungsmarkt setzen schon Kleinkinder einem ungeheuren Erwartungsdruck aus. Auch in der von zwei Ingenieuren gegründeten bilingualen Kita-Kette »Little Giants« soll das Kunststück vollbracht werden, Kindern in Gruppen ganztags und bei flexiblen Öffnungszeiten zu ihrer Individualität zu verhelfen. Auch hier sind die Eltern nur noch »gleichberechtigte Partner«. Die Entwicklung der Kinder wird in Berichten, Portfolios, Ernährungsplänen und Entwicklungsprofilen dokumentiert, damit die Eltern die emotionale und körperliche Entwicklung der Kinder schriftlich nachvollziehen können. Die Anlage »Kind« soll sich rechnen, schließlich bezahlt man ja auch dafür.

Selbst das Versprechen, schon Kindergartenkinder die Welt verstehen zu lassen, ist auf dem Markt. Der private Anbieter für zweisprachige Schulen und Kindergärten, *Phorms*, führt Folgendes im Programm: *»Bei uns lernen Kinder und Jugendliche die Welt zu verstehen; in ihrer kulturellen und sprachlichen Vielfalt, in ihren lokalen Besonderheiten und globalen Zusammenhängen.«* Schon das Bildungsprogramm für Kleinkinder liest sich wie ein Proseminar in Global Leadership: *»Bei PHORMiniS lernen Kinder, die Vielfalt von Menschen zu akzeptieren und zu schätzen. Wir ermuntern sie, Neues auszuprobieren, sich selbst und andere zu respektieren, fürsorglich, tolerant und geduldig zu sein und selbstbewusst eigene Fähigkeiten zu entwickeln.«*

Woher aber Selbstbewusstsein und Toleranz bei Kleinkindern kommen sollen, erklärt der Text nicht. Was universal gebildete Menschen wie Alexander von Humboldt oder Goethe glücklich am Ende ihres Lebens von sich sagen konnten, steht hier schon am Anfang des »Bildungswegs« der »Phorminis«: *»Wir machen sie vertraut mit der Vielfalt* *von Kulturen, Sprachen und Religionen und unterstützen sie, selbstbewusst und neugierig zu lernen, die eigene Meinung zu vertreten und persönliche Fähigkeiten und Interessen zu entwickeln.«* Ganz sicher werden hier universal gebildete Individualisten in Reih und Glied zum international anerkannten Abitur geführt. Und wehe, wenn sie ab dem Kindergarten keine eigene Meinung haben! Vor dem Anspruch solcher Erziehung können Eltern nur staunend kapitulieren. Wo die meisten doch schon damit kämpfen, ihrem Kind überhaupt Grundbestände einer religiösen oder anderweitig grundierten Kulturtradition zu vermitteln.

Durch diese frühen und massiven Bildungseingriffe in das Leben der Kinder, durch Gruppenzwang und Fremdbetreuung aber wird die Kindheit verkürzt. Der Leistungszwang verhindert geradezu eine normale Sozialisation, denn die anderen sind nicht nur die Freunde, sie sind vor allem die Konkurrenz, an der der Einzelne gemessen wird. Denn in sämtlichen Sprachlern-Tagebüchern und sonstigen Bildungsdokumentationen wird ganz genau festgehalten, wer wann was kann. Wehe dem, der da nicht mithält. Freie Entfaltung und freies Spiel sehen anders aus. Doch für die Verkürzung der Kindheit werden immer wieder falsche Schuldige benannt, meist die »böse« Spielzeugindustrie, das Fernsehen oder das Internet. Der eigentliche Feind aber ist die sogenannte rationale Zweckentfremdung, die sich hinter fast allen Konzepten frühkindlicher »Bildung« und Krippenerziehung verbirgt. Denn darin geht es nicht zuerst um die Kinder, sondern vielmehr um Fragen der Ökonomie wie Gleichstellung, Vollzeiterwerbsquoten, Steueraufkommen und Renten. Das ganze Programm der frühkindlichen Bildung ist implizit an den Bedürfnissen des Arbeitsmarkts ausgerichtet. Darin besteht die große Ähnlichkeit der Krippenerziehung in sozialistischen und kapitalistischen Ländern.

Der Kinderpsychologe und Mitautor der NICHD-Studie, Jay Belsky, argumentiert in seinem Essay über die Effekte frühkindlicher Fremdbetreuung auf die Kindesentwicklung (2009) klar gegen diese Art der Verwertungslogik. Man könne nicht sagen, gute Betreuung sei irgendwie gut für Kinder und schlechte Betreuung irgendwie schlecht. Es sei vielmehr eine Frage der Humanität, Kindern gute Betreuung zur Verfügung zu stellen. Belsky kritisiert die politische Rhetorik, die dieser Frage ausschließlich im Hinblick auf die spätere Entwicklung einen Wert beimisst. Dabei könne es nur darum gehen, Kindern das tägliche Leben so schön wie möglich zu gestalten: *»It is the humane thing to do«*, so Belsky.

Die Zweckentfremdung frühkindlicher Betreuungskonzepte muss also dringend aufgeklärt werden. Denn wie sollte das Land der Dichter und Denker quasi über Nacht zum Land der ungebildeten Kleinkinder geworden sein? Weder die neuen Bildungsbürokraten in den Ministerien noch die Einrichtungen selbst scheinen sich dieser Unterminierung ihres eigentlichen Auftrags bewusst zu sein. Dabei kann es nicht darum gehen, Kindern gute Betreuung zu gewährleisten, damit aus ihnen etwas wird. Weder Bildung noch Gleichstellung, noch die Vereinbarkeit von Beruf und Familie sind Argumente dafür, Kinder kollektiv und so früh wie möglich aus dem Alltag ihrer Eltern wegzuorganisieren. Gute Kinderbetreuung ist eine Frage der Menschlichkeit. Sie kann bzw. sollte niemals an Bedingungen geknüpft sein. »Damit aus dir was wird«, war früher die Rechtfertigung für Strafe, heute ist es die Rechtfertigung für künstliche Bildungsangebote. Doch genau diese Erwartungshaltung darf niemals zur Prämisse frühkindlicher Erziehungsarbeit werden. Ganz egal, was später aus ihnen wird, gerade in der Erziehung von Kleinkindern kann es nur darum gehen, ihnen die Gegenwart so angenehm wie möglich zu machen, damit sie einfach gerne leben.

7 Top Moms

In der feministischen Theorie gibt es zwei sehr unterschiedliche Auslegungen ihrer Wirkung. Während die Gender-Mainstreaming-Fraktion den Aufstieg junger Frauen in Führungspositionen, den weltweiten Anstieg berufstätiger Frauen und ihre Sichtbarkeit in Wirtschaft, Politik und den Medien als Erfolg einer neuen Geschlechterpolitik feiert, sucht die eher klassische frauenbewegte Fraktion nach dem Preis dieses Erfolgs, der eben nicht sichtbar sei. Bedingung des Erfolgs sei außerdem, dass der Feminismus von der Bildfläche verschwinde. So fragt die britische Feministin Nina Power selbstkritisch, wo eigentlich all die interessanten Frauen geblieben seien. Ihre Untersuchung zeitgenössischer Darstellungsformen des Weiblichen fällt fatal aus. Nach Power scheine die moderne Frau vor allem teure Handtaschen, einen Vibrator, einen Job, ein Appartment und einen Mann – in dieser Reihenfolge – zu brauchen. Sie fragt sich, warum die Anliegen der Frauenbewegung des 20. Jahrhunderts sich plötzlich in Shopping-Paradiesen für konsumverliebte Playboy-Häschen-Klone erfüllt haben sollten. Nach Power läuft der Höhepunkt weiblicher Emanzipation schnurgerade mit dem Konsumdenken zusammen.

Vor diesem Szenario warnt auch die britische Feministin Angela McRobbie in ihrem Buch »Top Girls. Feminismus und der Aufstieg des neoliberalen Geschlechterregimes«. Der Erfolg junger Frauen, also der »Top Girls«, auf dem Arbeitsmarkt lasse die Frauenfrage als endgültig geklärt erscheinen. Während der Feminismus die Auslegung der Menschenrechte entscheidend beeinflusst habe, drohe er nun in der Bedeutungslosigkeit zu versinken. Stattdessen solle man wachsam sein, so McRobbie, *»wenn eine Koalition politischer und kultureller Kräfte darauf hinarbeitet, ein bestimmtes Set feministischer Werte und Ideale in eine weit reichende Umformung von Weiblichkeitskonzepten zu integrieren.«* Als Folge könnten sich neue Ungleichheiten zwischen den Geschlechtern bilden.

Man muss allerdings gar nicht darauf warten, bis sich diese neuen Ungleichheiten zwischen den Geschlechtern zeigen. Denn sie sind schon innerhalb des »anderen Geschlechts« deutlich sichtbar geworden. Am Beispiel von Müttern lässt sich das besonders gut verfolgen. In Deutschland ist es in der Regel der Erfolg am Arbeitsmarkt, der darüber entscheidet, ob eine Mutter zu den »Top Moms« gehört, ob sie staatliche Subventionen erhält, oder nicht. Die »Top Moms« sind die neuen Leitbilder im Gender-Mainstreaming-Diskurs. Sie sollen beruflich erfolgreich sein, mehrere Kinder haben, Vollzeit arbeiten und nicht vom Ehemann abhängig sein. Sie sind in der Regel Akademikerinnen, die in Festanstellung arbeiten und in einem Dopperverdienerhaushalt leben. Diese Top Moms werden vom Staat maximal finanziell gefördert durch den Höchstsatz beim Elterngeld und die staatliche Subvention des Krippenplatzes. Doch diese Lebensform ist nicht nur erstrebenswert, sie ist vor allem sehr herausfordernd, ganz besonders, wenn mehrere Kinder im Haushalt leben und beide Eltern voll arbeiten. Und entgegen den Erwartungen sinkt die Zahl der Top Moms. Es ist schwierig, die genauen Ursachen dafür zu benennen. Die aktuellen Erhebungen des Statistischen Bundesamtes »Destatis« jedenfalls belegen diesen Trend. Danach bleiben Akademikerinnen in den alten Bundesländern besonders häufig ohne Kind. Im Jahr 2012 lag die Kinderlosenquote mit 30 Prozent bei Frauen mit Hochschulabschluss zwischen 45 und 49 Jahren so hoch wie noch nie. Für die fünf Jahre jüngeren Akademikerinnen werde sie voraussichtlich etwas geringer ausfallen. Auch in den neuen Ländern nehme die Kinderlosigkeit kontinuierlich zu – bei den Akademikerinnen schneller als bei den Nicht-Akademikerinnen. Obwohl sie Gewinnerinnen des Systems sind, entscheiden sich immer weniger Akademikerinnen dafür, Kinder zu bekommen.

Als Verliererinnen des Subventionssystems kann man dagegen die Mehrheit der noch nicht und der nicht akademischen Mütter in Deutschland bezeichnen, sowie die nicht in Vollzeit arbeitenden Mütter mit akademischem Abschluss. Sie haben im Durchschnitt zwei Kinder und betreuen diese in den ersten Lebensjahren in der Regel selbst. Sie sind zu Müttern zweiter Klasse geworden. Haben sie bis zur Einführung des Elterngeldes noch 350 Euro

Erziehungsgeld über einen Zeitraum von bis zu drei Jahren bekommen, wie alle anderen Mütter auch, bekommen sie heute nur den Mindestsatz des Elterngeldes, sofern sie vorher nicht gearbeitet haben oder noch in der Ausbildung waren. Möchten sie ihre Kinder länger als ein Jahr zuhause betreuen, stehen ihnen nur noch 150 Euro Betreuungsgeld monatlich zu. Ein Krippenplatz dagegen wird mit mindestens 1000 Euro monatlich bezuschusst. Auch die alleinerziehenden Mütter zählen zu den Systemverliererinnen. Denn selbst wenn sie zur Gruppe der Akademikerinnen mit Vollzeitjob gehören, bleibt in der Regel die Mehrfachbelastung aus Haushalt, Erziehung und Gelderwerb an ihnen hängen. Allein ihre Gruppe wächst.

Der Trend zum Familienzerfall und zum Alleinerziehen wird schon seit langem in der Fernsehwelt vorgelebt. Mütter mit zwei Kindern, die gemeinsam mit dem Vater der Kinder in einem Haushalt leben, kommen hier so gut wie überhaupt nicht mehr vor. So hat das Adolf-Grimme-Institut im Jahr 2006 im Auftrag des Familienministeriums eine Studie über Familienbilder in fiktionalen und nicht fiktionalen TV-Formaten vorgestellt. Demnach war die deutsche Durchschnittsfamilie im Fernsehen schon eine Art ausgestorbene Spezies. In der Studie heißt es: *»So ist das vorherrschende Lebensmodell der Serien, Krimis und Fernsehfilme das großstädtische Singledasein; Familien mit Kindern, insbesondere mit kleinen Kindern, kommen kaum vor. Die klassische Kleinfamilie mit zwei leiblichen Kindern, wie sie in der bundesdeutschen Realität vorherrschend ist, er-*

scheint in der TV-Fiktion praktisch gar nicht. Das Familienbild im Fernsehen wird stattdessen geprägt von weitverzweigten Großfamilien in den Serien, von alleinerziehenden und multi-tasking-begabten Power-Frauen im Fernsehfilm und von melancholischen einsamen Wölfen und Wölfinnen im Krimi. Die Geburtenrate der weiblichen und männlichen Kriminal-Ermittler und Filmprotagonisten liegt noch weit unter der bereits sehr niedrigen deutschen Geburtenrate von 1,3 Kindern pro Frau. Sie erreicht im Krimi knapp ein Viertel (0,29), im Fernsehfilm gerade knapp die Hälfte (0,48) dieser Fortpflanzungsrate. Bis zu Dreiviertel aller Protagonisten in den fiktionalen Formaten sind kinderlos!« (http://www.grimme-institut.de/html/index.php?id=186)

Der Normalfamilie wird dagegen äußerst misstrauisch begegnet. Ohne Präsenz im Fernsehen kann sie ihrem Publikum auch nicht mehr als Vorbild dienen. Junge Zuschauer mögen daraus ableiten, dass man leicht auf sie verzichten könne. Dabei garantiert sie Kindern und Jugendlichen in der Regel Werte, die sie sonst nicht finden, nämlich Liebe, Nähe, Akzeptanz, bedingungslose Versorgung, Zweckfreiheit: eben Geborgensein. Doch sie können im öffentlich-rechtlichen Fernsehen nicht mehr auf Eltern als Vorbild zurückgreifen. Aber auch die Probleme, die das Auseinanderbrechen von Familien mit sich bringt, werden in der TV-Welt kaum sichtbar.

Im Fernsehen sind alle möglichen Risse leicht zu kitten, neue Partner, wechselnde Partner, alles fügt sich zu einer recht heilen Kulisse. Die gibt es auch bei den Grünen. Allerdings nur unter dem Stichwort »soziale Elternschaft«. Biologische Elternschaft, also die klassische Vater-Mutter-leibliche Kinder-Familie, gilt dort fast schon als Provokation. Auch über Mütter in Familien ist eine Debatte fast unmöglich geworden. In den meisten Parteien wird über Mütter nur noch im Zusammenhang mit ihrer Integration auf dem Arbeitsmarkt geredet. So ist die »Top Mom« zum vorherrschenden Modell im Diskurs um Mutterschaft geworden. Einem Diskurs um die Mutter außerhalb der Familie. Dort, wo auch der Vater geblieben ist.

Wie gesagt, die Zahl der »Top Moms« in Deutschland nimmt allerdings rapide ab. Wie überhaupt die Zahl der Mütter kontinuierlich zurückgeht. Ist das nun der Preis für den beruflichen Erfolg von Frauen? Ist der Verzicht auf Kinder überhaupt ein Preis? Ist Kinderlosigkeit ein Opfer, ist sie nicht vielmehr eine Option, oder die Lösung der Gleichstellungsfrage? Oder ist sie gar unvermeidlich? Zumindest in der feministischen Handschrift der erfolgreichen britischen Dramatikerin Caryl Churchill hat der Erfolg von Müttern in der männlich dominierten Arbeitswelt ein janusköpfiges Gesicht. Das rein weiblich besetzte Bühnenstück »Top Girls« von 1982 gehört zu ihren in Deutschland am häufigsten aufgeführten Werken.

Churchills Hauptfigur Marlene, deren Härte als Geschäftsfrau in einer Männerdomäne sich durchaus an Margret Thatcher messen lassen soll, wird zur Direktorin einer Jobvermittlungsagentur befördert. Und zwar anstelle eines Mannes, der schon glaubte, den Job in der Tasche zu haben. Für ihren beruflichen Aufstieg hatte Marlene ihre Tochter bei ihrer Schwester auf dem Land gelassen. Das Kind sollte glauben, die Tante sei ihre Mutter. Marlene wiederum gab sich als Tante der eigenen Tochter aus. Immer wieder stört dieses Kind als dicker vernachlässigter Teenager das glatte Ambiente. Marlene nun feiert ihre Beförderung in einer surrealen Szene mit historischen und literarischen Frauenfiguren, lauter Top Girls ihrer Zeit. Mit der Päpstin etwa, die berichtet, wie sie auf einer Prozession gesteinigt worden war, nachdem sie ein Kind geboren hatte. Oder mit einer japanischen Kurtisane, Begleiterin des Kaisers, die wegen ihrer Aufsässigkeit verstoßen wurde und ihr Kind nie wieder sah. Alle Top Girls mussten einen Preis für ihren Aufstieg bezahlen. Dieser Preis war ihre Mutterschaft.

»Ich wollte ein Stück schreiben über die Schwierigkeiten von Frauen, erfolgreich zu sein, und gleichzeitig über die Fragwürdigkeit dieses Erfolges in einer Gesellschaft, in der Leute, die es nicht schaffen, abgeschrieben werden«, sagte Churchill über ihr Stück. Ein Erfolg, der so erkauft werde, sei nichts wert. Denn er richtet sich nicht nur gegen die Kinder, er richtet sich auch gegen die Frauen selbst. Wer sich ausschließlich von äußeren Zwängen beherrschen lässt, verliert die Kontrolle über das eigene Leben, so könnte man Churchills Botschaft auch zusammenfassen.

Wie kann es also sein, dass wir nach dreißig Jahren Gleichstellungspolitik immer noch über die Fremdbestimmung von Frauen reden, besonders wenn sie Mütter geworden sind? Am Beginn dieser Politik stand die Teilzeitarbeit und Erziehungszeiten für Arbeitnehmerinnen. Doch genau hier wird die Schraube gerade zurückgedreht. Übrig geblieben ist eine arbeitsmarktkompatible Methode der Verwertung und Bewertung weiblicher Arbeitskraft. Zu den von der EU als Strategie für die Jahre 2010–2015 definierten Aufgaben des Gender-Mainstreamings gehört es, die Hindernisse zu beseitigen, die dazu führen, »dass die Wirtschaft ihr Potenzial nicht ausschöpfen kann und wertvolle Begabungen (der Frauen) ungenutzt bleiben.«

Die in Deutschland vorherrschende Richtung des Feminismus dreht nach Kräften an diesem Rad. Noch in den Achtzigerjahren allerdings wurde über die Vereinbarkeit unter anderen Vorzeichen heftig diskutiert. Sehr konkret ging es hier um die Anliegen von Müttern und ihren Kindern. In Bonn kamen 1986 unter großem Medienecho 500 Mütter aus dem Umfeld der Grünen mit 200 Kindern zu einem chaotischen Kongress zusammen. Sein Motto lautete: »Leben mit Kindern – Mütter werden laut«. Ein Jahr später legten die Initiatorinnen das sogenannte »Mütter-Manifest« vor. Sie forderten darin mehr Mitsprache in der Politik für Mütter – auch in der eigenen Partei –, eine höhere gesellschaftliche Aufwertung der Kindererziehung, die Bezahlung von Hausarbeit, Kinderbetreuung an jeder Straßenecke, in Kaufhäusern, Behörden und Parlamenten; Mütterzentren, Esskasinos und gemeinsame Mittagstische; Experimente mit qualifizierter Teilzeitarbeit und flexibler Arbeitszeit. Damit sind die lauten Mütter grandios gescheitert. Ihr größter Fehler war die Stigmatisierung kinderloser Frauen und die Naivität, das Private mit dem Politischen zu verwechseln.

Die etablierteren Politikerinnen unter den Grünen-Frauen gingen schnell auf Distanz und verfassten eine kritische Stellungnahme. Sie wiesen auf die Diskriminierung kinderloser Frauen im Müttermanifest hin. Dort wurde vom »Ghetto der Nicht-Mütter« und dem »Aquarium der Karrierefrauen« gesprochen. Außerdem lehnten die Grünen-Frauen das Bild einer geschlechtsspezifischen weiblichen Weltsicht ab. Sie forderten weiterhin eine Aufhebung der geschlechtsspezifischen Arbeitsteilung und eine strenge Quotierung von Ausbildungs- und Arbeitsplätzen. Eine Sicht, die sich weitgehend durchgesetzt hat. Visionär sind bis heute die Forderungen nach radikal verkürzten Arbeitszeiten geblieben sowie die Forderung nach einer gleichmäßigen Teilhabe beider Eltern in der Erziehung und im Erwerbsleben.

Doch wo die Grünen-Frauen in den Achtzigerjahren noch die Arbeitgeber dafür verantwortlich machten, Frauen nur aufgrund ihrer Gebärfähigkeit abzuweisen, unabhängig davon, ob sie Kinder haben oder nicht, und deshalb zur Solidarität in der Frauenpolitik aufriefen, sehen Feministinnen wie Bascha Mika heute die Schuld bei den

Frauen selbst. Wer wegen eines Kindes beruflich zurückstecke, riskiere alles, lautet das Diktum der kämpferischen Großraumbürofeministinnen: Ausbildung, Karriere, Unabhängigkeit und das Glück. Ziel dieses Feminismus scheint die von allen Affekten befreite Arbeitnehmerin zu sein. Dieses Ziel lässt sich erkaufen.

Das Ehrliche an dieser Haltung ist, dass Mutterschaft ganz klar als Hindernis für die Karriere gesehen wird. Der Großraumbürofeminismus ist Top-Girl-Feminismus in Reinkultur. Doch die noch härtere Variante des neuen Geschlechterregimes ist der Top-Mom-Feminismus. Denn hier kommen Wunder mit ins Spiel. Eingeführt wurde der Top-Mom-Feminismus durch Super-Mom und Super-Ministerin Ursula von der Leyen. Sein Versprechen lautete: Alles ist vereinbar! Und zwar gleichzeitig und ohne Kompromisse. Man erkennt ihn daran, dass seine Vertreterinnen die Mühen der Kindererziehung und ihr eigenes Engagement daran beharrlich abstreiten, während die berufliche Vita ebenso beharrlich frisiert wird. Und zwar trotz unbestrittenen beruflichen Erfolgs. Ziel des Top-Mom-Feminismus ist die Perfektion der eigenen Wirkung, die anderen Frauen Mut zu Kindern und Karriere machen soll. Sein Ergebnis ist in der Regel, dass sich schon jede Frau mit »nur« einem Kind am Kopf kratzt und fragt, warum sie das nicht so gut auf die Reihe kriegt.

Wunder, Wirkung und Wirklichkeit gehen in der Regel enge Verbindungen ein. Im Fall von der Leyen begann alles mit einem wunderschönen Foto: Eine Frau mit langem aschblondem Haar geht über eine grüne Wiese, an ihrer Hand ein Mann und eine lange Reihe von Kindern, die ihre eigenen sind. 2005 ist diese Frau Bundesfamilienministerin geworden. Sie schien atemberaubende Karrieren hinter sich zu haben, die ihr mit sieben Kindern offenbar reibungslos von der Hand gingen: Ursula von der Leyen, Tochter des ehemaligen niedersächsischen CDU-Ministerpräsidenten Ernst Albrecht, von manchen als Fachärztin der Gynäkologie gehandelt, als Forscherin im Ausland und als Gesundheitsexpertin im Range eines Robert Koch. Sie schien das selbst auch zu glauben. Die Frauen der Republik waren begeistert. Es gab sie also doch, die Vereinbarkeit von Familie und Beruf. Und die Ministerin hatte das Erfolgsrezept in der Tasche: Elterngeld. Weniger zuhause dilettieren, mehr arbeiten. Die Zeit mit Kindern sei geprägt durch ihre Qualität, nicht durch die Quantität, so von der Leyen.

In Akademikerinnen sah sie die besseren Mütter und schenkte ihnen fünf Milliarden Euro pro Jahr. Doch es geschah: nichts. Die Frauen verharrten in ihrer Schockstarre durch die Doppelbelastung und es stellte sich heraus, dass der Ministerin dieser Zustand gar nicht fremd war. Die Langzeitstudentin (20 Semester) hatte ihre Facharztausbildung nach dem dritten Kind freiwillig abgebrochen. Ihren Beruf als Ärztin hatte sie kaum ausgeübt, schon gar nicht als Frauenärztin, die sie nie war. Der in ihrem Lebenslauf vermerkte Studienaufenthalt in

Stanford galt wohl mehr der dortigen Aktivität ihres Mannes als ihrer Gasthörerschaft. Auch ihr anschließender Job als wissenschaftliche Mitarbeiterin der Sozialmedizin der Hochschule Hannover war kaum mehr als ein Feigenblatt. Ihre tatsächlich atemberaubende Karriere in der Politik begann später. Die ehrgeizige Ministerin hatte alles getan, um ihre Zeit zwischen Herd und Teilzeitjobs ohne Not zugunsten der Berufstätigkeit zu glorifizieren.

Wunder gibt es immer wieder und so staunt man auch über die grüne Top-Mom Katrin Göring-Eckardt: Theologin, Spitzenpolitikerin, ehemaliger Präses der Synode der EKD und Mutter zweier Kinder. Sowohl auf ihrer Homepage im Bundestag als auch bei den Grünen steht in der Vita an erster Stelle: Studium der Theologie. Es fehlt der Zusatz »ohne Abschluss«. Denn KGE hat ihr Theologie-Studium nach einigen Semestern abgebrochen. Auf Nachfrage der Frankfurter Allgemeinen Sonntagszeitung sagte sie, ihr Studium lediglich »unterbrochen« zu haben. Die akademische Karriere scheint sie also noch vor sich zu haben. Auf einer Veranstaltung in der Berliner Existenzgründerinnen-Initiative »WeiberWirtschaft« kurz vor der Bundestagswahl sprach sie kurz über die Erziehung von Kindern. Es klang abschätzig. Ihr habe das niemand beigebracht, wie man mit Kindern mit Bauklötzchen spiele, sagte sie. Hätte das ein Mann von sich gegeben, er wäre zu Recht dafür ausgebuht worden.

Dabei hat KGE in der Zeit, in der ihre Kinder klein waren, wahrscheinlich doch gelegentlich mit ihnen gespielt. Damals gehörte sie noch nicht zum Spitzenpersonal ihrer Partei. Sie war Mitarbeiterin der thüringischen Landtagsfraktion von Bündnis 90/Die Grünen. Auch für sie begann die eigentliche Karriere erst später. Heute sind ihre Kinder längst erwachsen. Im Leben beider Politikerinnen hat es also ein zeitliches Nacheinander von Kindern und Karriere gegeben. Und durchaus Brüche im Curriculum, Unwägbarkeiten des Lebens, Neustarts. Das zu hören, hätte sicher vielen Frauen in ähnlichen Umständen Mut gemacht. Auch ohne die beschönigten Lebensläufe wäre niemand auf die Idee gekommen, diesen Politikerinnen Untätigkeit vorzuwerfen. Trotzdem glauben sie, die Mühen, die sie auf die Erziehung ihrer Kinder verwendet haben, eher leugnen zu müssen. Eine Anbiederung an den Zeitgeist? Oder wollten sie einfach der Frage entgehen, ob ihnen in ihrer damaligen Situation als Mutter mehrerer kleiner Kinder das Elterngeld etwas genützt hätte? In jedem Fall ist es das freiwillige oder unfreiwillige Eingeständnis, über die eigene Mutterschaft im Kontext der Familie nicht reden zu wollen. Es scheint allerdings nicht so, dass damit unbedingt die Privatsphäre geschützt werden soll. Denn die Kinder werden dennoch vorgeschickt: bei manchen auf Fotos, bei manchen in der Homestory und bei manchen als Zahl.

Die Kinderzahl männlicher Politiker scheint für Frauen dagegen nicht so interessant zu sein. Wir kennen sie nicht einmal dann genau, wenn uns zu Ohren gekommen ist, ein Spitzenpolitiker habe Kinder von mehreren Frauen. Männliche Politiker lassen ihre Kinder auch eher im Hintergrund. Als aber plötzlich die Ehe der evangelischen Top-Mom Margot Käßmann zerbrach, war sie anschließend immer mit ihren vier Töchtern zu Fototerminen erschienen. Obwohl ihr Mann doch den Großteil der Erziehungsarbeit geleistet hatte. Der aber hatte sich unsichtbar gemacht.

8 Elementarteilchen oder: Wo sind die Frauen und wo ist die Bewegung?

»Ich bin nicht gegen Feminismus. Ich bin gegen schlechte Forschung.«

Harald Eia, norwegischer Fernsehkomiker

Die Frauenbewegung hat keine Frauen mehr. Nicht weil sie alle weggelaufen wären. Es ist noch schlimmer. Weil es keine Frauen mehr gibt. Aber das schlimmste ist: Es gibt sie nicht mehr im Namen des Feminismus. Unter seinen Fittichen wurde eine Theorie ausgebrütet, die beide Geschlechter auflösen will. Vertreter der sogenannten »Queer-Theorie« (»queer»=»sonderbar») behaupten, dass die Frau weder ein biologisches Geschlecht (sex) noch ein sozial zugeschriebenes Geschlecht (gender) vorzuweisen habe. Ob sex oder gender, so die These, Weiblichkeit und damit die Unterscheidung der Menschheit in zwei Geschlechter sei nur eine gesellschaftliche Konvention. Anzustreben sei eine Gesellschaft jenseits dieser Normen, also *post-gender*. Was die moderne Frauenforschung dem Frausein unter dieser Prämisse noch abgewinnen kann, gleicht einer Resteverwertung.

Ein neuer Wissenschaftszweig hat sich unter den fröhlichen Namen »Gender-, Queer- und Diversity-Studies« des weiblichen Kadavers angenommen. Der schöne Körper der Frau wird hier in kleinste Opferteile zerlegt, bis man gar keinen Körper mehr erkennen kann. Das Verfahren nennt sich wahlweise Poststrukturalismus, Konstruktivismus oder Dekonstruktivismus. Die so zutage geförderten kleinsten Einheiten der ehemals stolzen Frauenrechtsbewegung beschreiben vor allem »sexuelle Identitäten« (ein postmoderner falscher Plural, ebenso wie »Wirklichkeiten« und »Literaturen»). Eine unverzeihliche Reduktion. So kann man die Frauenforschung heute kaum noch von der Geschlechterforschung trennen. Ihre Sinneinheiten heißen: queer-, trans-, inter-, cross-gender- und bisexuell, oft noch codiert mit Asterisken und Unterstrichen, um nicht versehentlich eine Gruppierung auszuschließen. Meist wird dabei über das Unrecht, das diesen Minderheiten zugestoßen ist, weniger gesagt als über ihre Selbstdefinition. Es ist ein Verfahren, das nur noch Zähler hat und keinen Nenner mehr.

Multipliziert mit den notorischen Fragen nach Klassenzugehörigkeit, ethnischer Herkunft und dem sozial zugeteilten Geschlecht, also dem Queer-Einmaleins aus Class, Race und Gender, ist es kaum verwunderlich, dass am Ende dieser Rechnung nicht mehr die Frau steht, sondern Befindlichkeiten sehr heterogener Gruppierungen. Auch das Recht steht nicht mehr im Mittelpunkt der Debatte, sondern das Unrecht, das im Namen des als hegemonial, kapitalistisch, patriarchal und postkolonial enttarnten Rechts gesprochen wird. Ohne Frauen und Recht ist von der Frauenrechtsbewegung also nicht mehr viel übrig.

Eine »Frauenart« steht seitdem besonders einsam da: Mütter. Von etwa 41 Millionen Frauen in Deutschland sind mehr als 11 Millionen Mütter. Diese Gruppe lässt sich kaum eine Minderheit nennen, auch wenn ihre Zahl stetig abnimmt. Ohne Minderheitenstatus ist es den Müttern aber nicht gelungen, sich in der Frauenforschung einzunisten. Selbst mit einer Minderheitenbewegung wie dem ökologischen Mütter-Feminismus der Achtzigerjahre hat das nicht geklappt. Er ist zur Lachnummer geworden, während sich gleichzeitig die Queer-Theorie etablieren konnte. Doch mit dem Ausblenden von Mutterschaft aus dem feministischen Diskurs werden bestimmte Aspekte des Frauseins unterschlagen, zum Beispiel in der Sprache: aus Frau, Weib, Mutter sind wieder die Unschuldsformen Mädchen, Fräulein und Missy geworden. Ein paar nicht mehr ganz junge Frauen haben mit Buchtiteln wie »Wir Alphamädchen« und »Neue deutsche Mädchen« versucht, den Feminismus um ihre Lebenswirklichkeit zu bereichern, auch um die Liebe zu Männern. Danach sind die neuen Mädchen Mütter geworden – und verstummt. Feminismus scheint derzeit eine Angelegenheit für Frauen unter dreißig zu sein, die keine Kinder haben. Von der alten Garde ist nur eine übrig geblieben: die ohne Mutter aufgewachsene, kinder- und männerlose Alice Schwarzer.

Sie hat zweifellos erfolgreich für die Gleichberechtigung von Frauen gekämpft und zu Recht Männern aus fast allen politischen Lagern heftig auf die Finger geklopft. Doch in zwei Annahmen lag sie immer falsch: Männer sind nicht die natürlichen Feinde der Frau. Und die Selbstverwirklichung der Frau besteht nicht darin, wie ein Mann zu werden. Schwarzers Klarsicht endet immer da, wo als Trauma der Mann auftaucht. Diese latente Feindschaft überträgt der Feminismus Schwarzerscher Prägung nur zu gern auf die Komplizen der Männer. Das sind in der Regel die Ehefrauen und Mütter. Männerfeindschaft erzeugt also fast zwangsläufig Mütterfeindschaft. Weil die Liebe zu Männern – bei Schwarzer heißt das »Männerfixierung« – aus Frauen oft Mütter macht. Es gibt im orthodoxen Feminismus keine Gruppe, die den Lagerfrieden mehr stört als diese »Reproduktionsorte männlicher Vorherrschaft«. Solche sattsam bekannten Vorurteile sind leider keineswegs vom Aussterben bedroht, so lächerlich und unwirklich sie heute einem breiten vulgär-feministischen Publikum auch erscheinen mögen.

In ihrem Buch »Alice im Niemandsland« untersucht Miriam Gebhardt, warum die deutsche Frauenbewegung die Frauen verloren hat. Sie führt diesen Schwund vor allem auf das dominante mediale Auftreten der »Feminismus-Patriarchin« Schwarzer zurück. Doch damit erweist Gebhardt ihr zu viel der Ehre. Denn die Frauen sind nicht vor Alice Schwarzer davongelaufen, auch nicht vor dem Feminismus. Der Feminismus ist den Frauen davongelaufen. Aber Schwarzer ist geblieben. Und gerade das macht ihre Popularität aus. Auch wenn Alice die Frau für ein kulturelles Konstrukt hält, liebt sie sie doch zu sehr, um sie loszulassen. Ihre Abhandlungen über Romy Schneider oder Petra Kelly – beides ausgesprochen feminine Frauen – sind von tiefer Zuneigung geprägt. Alice Schwarzer hat nie gewagt, die Konsequenzen aus ihrer Lehre vom kleinen Unterschied zu ziehen, nämlich sich von der Zweigeschlechtlichkeit tatsächlich zu verabschieden. Ohne Frauen könnte sie gar nicht leben. Schwarzer hat die Reißleine zur feministischen Geschlechterforschung gezogen, einer pseudowissenschaftlichen Lehre, die ohne empirische Grundlage politisch weitreichende Urteile über die menschliche Prägung fällt. Nur tut Schwarzer das nicht lautstark. Schließlich hat sie lange genug selbst davon schwadroniert, dass es keine natürlichen, sondern nur kulturgemachte Unterschiede zwischen Männern und Frauen gebe und daher radikale Gleichheit die einzige Kur sei. Ihre Forderung war die »Vermenschlichung der Geschlechter«, als seien diese etwas Unmenschliches. Schwarzer ist so etwas wie eine Marxistin, die Angst vor dem Kommunismus hat, weil sie das bürgerliche Leben liebt. Man nennt das auch Wein trinken und Wasser predigen. Denn folgt man Schwarzers frühem politischen Geschlechterverständnis, verlässt man schnell weibliches Terrain. Ihre queer-feministischen Nachfolgerinnen haben das bereits getan. Sie sehen in der Frau und besonders in der Mutter vor allem eine Provokation, eine Niederlage. Dabei können sie sich auf

Schwarzer und deren geistige Muse Simone de Beauvoir berufen. Und nun lassen die Zauberlehrlinge die Besen tanzen.

Ein junger aggressiver Netzfeminismus (selbstverständlich gibt es in den Weiten des Internets auch moderate Stimmen), dessen Anhänger sich gern den Zusatz »queer« geben, ist dabei nicht weniger mit alten Vorurteilen belastet. Das Feindbild erscheint nur leicht verfremdet, weil es »gegendert« ist. Nicht mehr der Mann an sich ist der Feind, auch nicht die Mutter an sich, sondern geschlechtergerecht beide, wenn sie einem sogenannten »heteronormativen Stereotyp« entsprechen; also von sich behaupten, tatsächlich männlich oder weiblich zu sein. In diesem Umfeld können aktuelle Sex-, Gender-, Class- und Race-Identitäten Männer und Mütter enorm aufwerten. Ein Mann ist dann weniger »schlimm«, wenn er schwul und schwarz ist. Auch lesbische Mütter aus dem »Landproletariat« werden akzeptiert. Es sei nur am Rande bemerkt, dass das auch eine Form des Rassismus ist. Das Feinbild ist die weiße heterosexuelle Mittelschicht.

Da die überwiegende Mehrheit der Queer-Feministinnen eben jener Kaste entstammt, werden sogenannte Privilegien-Checklisten erstellt, mit deren Hilfe man Abbitte leisten und seine Vorteile aufzählen kann. In der queer-Sprache heißt das »Critical Whiteness«. Selbstverständlich gibt es das Class-, Race- und Gender-Privileg, also den Vorteil, Mitglied dieser heterosexuellen weißen Mittelschicht zu sein. Dann gibt es noch das Privileg des Lebensalters. Ältere Menschen sollen demnach grundsätzlich einen Vorteil gegenüber Jüngeren haben. Man könnte dieses Privileg auch umgekehrt formulieren, nämlich dass in unserer Gesellschaft der Jugendwahn regiert, Ältere also im Nachteil sind. Doch dann wäre »Age« das einzige Privileg, das sich von selbst abschaffen würde und damit den Kanon durcheinanderbringt. Weiter gibt es das »Body-Size-Privileg«. Jeder habe es, der dem schlanken Schönheitsideal der Werbung entspreche. Für Queer-Feministen entspringt es der »Dicken-Phobie«. In Berlin wurde dazu gerade die erste »fat-positive« Gruppe gegründet. Im Unterschied zu HIV-Positiven können »fat-positive« allerdings daran arbeiten, das »Body-Size-Privileg« zurückzugewinnen. Auch das »Life-on-the-outside-Privileg« verdient Beachtung. Es richtet sich gegen Strafgefangene, da diese auf viele Privilegien verzichten müssen. Dies gilt den queeren Feministen auch in einem Rechtsstaat als Unrecht. Das bemerkenswerteste Privileg aber ist das sogenannte »Passing«-Privileg. Demnach genössen angeblich Schwarze, Behinderte oder Homosexuelle Vorteile, wenn man sie als solche nicht erkenne und sie als weiß, nicht-behindert oder heterosexuell durchgehen lasse. Aus diesem Check kommt niemand ungeschoren davon! Es entsteht der Eindruck, dass hier nicht die Verhältnisse verändert werden sollen, sondern die Bedürfnisse.

Getrennte Damen- und Herrentoiletten, Umkleidekabinen für Mädchen und Jungen und Behindertentoiletten gelten nach dieser Logik als diskriminierend, weil sie angeblich eine Norm vorgeben und sogenannte Transgender nicht berücksichtigen. In Deutschland gibt es nun die erste öffentliche Unisex-Toilette (für Frauen also vollgepinkelte Klobrillen), in Schweden die erste Schulumkleidekabine für Transgender-Kinder. Das sind die beiden Wege aus dem Dilemma: entweder die totale Konformität oder die passgenaue Umkleide für jedes Individuum. In dieser Logik müsste man dann auch Extra-Umkleiden für dicke, magersüchtige und akne-geplagte Kinder einrichten. Und was ist mit Extra-Umkleiden für Kinder mit anderer Hautfarbe? Von Toleranz und einem freien Willen ist in der Privilegien-Debatte nicht die Rede. Denn die Queer-Theorie ist eine Ideologie, so wie jede unbestätigte und nicht beweisbare Theorie. Einen rationalen Diskurs scheinen die Queer-Feministinnen nicht anzustreben, sonst würden sie etwa über das Privileg reden, nicht verschleiert sein zu müssen. Oder darüber, ob es zum Beispiel ein Privileg ist, Mutter zu sein, oder gerade nicht.

Der zutiefst humanistische Impetus der Frauenrechtsbewegung, nicht nur für die eigenen Rechte zu kämpfen, sondern auch für die von Sklaven und religiösen Minderheiten, wird hier zu einem Verfahren ex-negativo karikiert. Im Queer-Feminismus kann es gleiches Recht für alle nicht geben, außer man zerschlägt das »System«. Wie allerdings ein Gemeinwesen hergestellt werden kann, in dem alle Privilegien aufgehoben sind, bleibt unklar. Der Privilegien-Check funktioniert wie eine Art umgekehrter

Katechismus, in dem nicht die Sünden, sondern die Erfüllungen bereut werden sollen. Das Verfahren beweist, dass das Leben zutiefst ungerecht ist. Jeder ist ein Opfer der Verhältnisse. Alles ist vorherbestimmt, das Individuum hat keine Freiheit, selbst zu entscheiden. Daraus leiten die Queeren ihre Radikalität ab. Am schönsten und daher ungerechtesten scheint für sie das Leben in einer traditionellen Familie zu sein – eine unerhörte Provokation. Folglich stehen auch in der modernen queer-feministischen Welt die meisten Mütter wieder einsam da.

Wie sehr sie zum Feindbild geworden sind, lässt sich an der Entwicklung des feministischen Blogs »Mädchenmannschaft« ablesen. Der preisgekrönte Blog wurde 2007 von sechs jungen Frauen gegründet, darunter die Autorinnen des Buches »Wir Alphamädchen«. Sie vertraten einen kritischen, aber offenen und vor allem journalistisch gut aufbereiteten Feminismus. In recht kurzer Abfolge wurden die Autorinnen Mütter. In ihrer Abwesenheit übernahmen andere, radikale Queer-Feministinnen die Deutungshoheit. Die Gründerinnen stiegen aus. Für Hetero-Mütter scheint in der neuen Mädchenmannschaft kein Platz mehr zu sein. Wer sich dort etwa kritisch mit Gender-Fragen auseinandersetzen will, erzählt einfach »biologistischen Quatsch«. Von Mannschaftssport keine Spur mehr. Es gelten eigene Regeln.

In der Nachlese des Gendercamps 2012 in Hüll bei Hamburg, einem Workshop über »queer-feministische Handlungsfähigkeit und Praktiken im Internet«, gab es sogar einen handfesten Streit über die Anwesenheit von Kindern. Die Teilnehmer des vor drei Jahren gegründeten Camps, viele von ihnen aus der Netzgemeinde und der Grünen-Jugend, versuchen sich dort entgegen den gesellschaftlichen Codes zu kleiden und zu verhalten. Manche fühlten sich dabei von Kindern gestört. Wie zum Beispiel die queere Autorin Nadine Lantzsch, die nun die »Mädchenmannschaft« übernommen hat. Ihr Bloggertum begründet sie in englischer Sprache unter anderem damit, »to let off steam« – zu deutsch: um ein wenig Dampf abzulassen. Lantzsch, die ihren eigenen Blog »Medienelite« nennt, notierte dort: *»Ähnlich, wie Melanie schreibt, sollte es für alle(!) nachvollziehbar sein, wenn Menschen sich mit Kindern unwohl fühlen, und zwar, weil ihnen der Elternstatus, das Recht auf Familie abgesprochen wird oder schlicht körperlich nicht in der Lage sind/sein dürfen, Kinder zu bekommen. Ich selbst bin Betroffene eines Systems, das mir den Familienstatus zumindest sehr erschwert, mich aus dem heteronormativen Setting ›Vater-Mutter-Kind(er)‹ ausschließt und mir kaum Möglichkeiten gewährt, Erziehungsarbeit zu übernehmen. Ich bin sehr oft traurig deswegen und mache mir schon seit Jahren Gedanken darüber, wann und vor allem wie ich als Mutter/Erziehende auftreten kann und will. Sich mit Kindern unwohl fühlen, heißt daher nicht, Kinder abzulehnen, sondern kritisch auf den eigenen sozialen Status zu blicken. Viele entscheiden sich beispielsweise gegen ›eigene‹ Kinder oder Erziehungsarbeit, weil sie die permanente Anrufung als Mutter satthaben, bei anderen löst die Anwesenheit* *von Kindern Wut, Trauer und Verletztheit aus. Auch die Reaktualisierung eigener Gewalterfahrungen in der Kindheit/Jugend ist durch die Anwesenheit von Kindern denkbar. Da Kinder all diese Erfahrungen, Erlebnisse und Gedanken von Erwachsenen zu Kindern weder komplett erfassen oder mitbedenken, geschweige denn darauf reagieren können, sehe ich hier vor allem Eltern/Erziehende/Bezugspersonen in der Pflicht, dahingehend Sensibilität zu entwickeln. Mich nervt es, wenn Menschen mit Kindern sich als Heterokleinfamilie inszenieren müssen vor anderen.«*

Wer also heterosexuell veranlagt ist, dem darf unterstellt werden, er inszeniere sich. Diese Ansicht der Autorin ist diskriminierend. Wer Respekt gegenüber queer-, trans-, inter-, cross-gender- oder bisexuell Lebenden fordert, muss ihn auch für Heterosexuelle aufbringen, sonst sitzt er einer selektiven Wahrnehmung auf. Doch gerade diese Wahrnehmung steht für viele Queer-Feministen heute über dem Recht. So schreibt Lantzsch in einem anderen Blog, die Prinzipien der Rechtsstaatlichkeit würden soziale Ungleichheit und Machtverhältnisse nur unzureichend berücksichtigen: »Wer … sich auf Rechtsprechung als letztgültigen Wahrheitsfinder verlässt, verhilft Machtverhältnissen zum Status quo und imaginiert alle Individuen als Gleiche.« Mit dieser Spielart verlässt der Queer-Feminismus die Rechtsgrundlage, der er seine eigene Freiheit verdankt. Das ist weit entfernt von Clara Zetkins Forderung, Frauen sollten keine Sonderrechte, sondern Menschenrechte bekommen.

Auf die Bedeutungsverschiebung zwischen Menschenrechten und der queeren Definition davon, weist der amerikanische Autor Bruce Bawer in seinem Buch »The Victims› Revolution. The Rise of Identity Studies and the Closing of the Liberal Mind« hin. Der mit seinem Ehemann in Norwegen lebende Bawer beschreibt etwa das Verständnis von feministischer Seite, auf das eine offizielle und verschleierte iranische Frauendelegation vor den Vereinten Nationen gestoßen ist – für ihr Anderssein! Oder die Ausgrenzung nicht nur von Männern, sondern schon von Jungen aus radikalfeministischen Veranstaltungen. So wird das Problem mit Müttern und Kindern etwa auf dem Michigan Womyn's Music Festival alljährlich so gelöst: Das Gelände dürfen nur Frauen betreten. Falls ein Handwerker benötigt wird, weil spontan keine Klempnerin zur Verfügung steht, kann ein Mann das Festivalgelände nur in Begleitung von zwei Frauen betreten, die ihn überwachen. Mütter mit Töchtern sind willkommen. Söhne ab fünf kommen ins Brother Sun Camp außerhalb des eigentlichen Festival-Geländes. Und zwar von acht Uhr morgens bis Mitternacht. Ein Shuttle Service bringt ihre Mütter zum Festival. Mütter mit Töchtern und Söhnen können auf dem Brother Sun Familiy Ground übernachten. Mütter mit Söhnen müssen ins Brother Sun Camp, also in eine Art Hochsicherheitstrakt. Eine zumindest aufschlussreiche Definition von Toleranz und Diversity, wenn es einmal nicht um die eigene Identität geht.

Unvoreingenommen über Mutterschaft zu reden, ist auch in weniger ideologischen Foren kaum noch möglich. Auf einem feministischen Symposion im Neuen Berliner Kunstverein gab es eine deutsch-englische Veranstaltung zum Thema »Feminismus und Mutterschaft«. Außer dem Übersetzer waren nur Frauen da. Die Britin Angela McRobbie, dienstälteste unter den anwesenden feministischen Theoretikerinnen, meldete sich aus dem Publikum zu Wort. Sie sagte nur einen Satz: *»Die feministisch-marxistische Theorie hat mich dazu gezwungen, eine kalte Mutter zu sein.«* Im Saal herrschte Schweigen. McRobbie sprach englisch, doch niemand übersetzte. Und niemand schien eine Frage zu haben. Nach einigen Minuten der Ratlosigkeit meldete sich eine Teilnehmerin und bat darum, die Veranstaltung umzubenennen. Statt »Feminismus und Mutterschaft« solle das ganze lieber »Feminismus und Elternschaft« heißen. Der Rest der Diskussion lief auf ein einziges Argument hinaus: Ganztagsbetreuung, damit Mütter in Vollzeit arbeiten können.

Auch die akademische Frauenforschung interessiert sich für Mütter vor allem im Zusammenhang mit ihrem Erscheinen auf dem Arbeitsmarkt. Das ist aus feministischer Sicht ein einseitiger Blick. Denn diejenigen Frauen, die beschlossen haben, die Rolle der Mutter anzunehmen, stehen oft genug zwischen den Fronten. Muttersein ist eine Lebensaufgabe, kein Rollenbild, das man beliebig wechseln kann. Für Väter gilt dasselbe. Wechseln lässt sich in einer Partnerschaft die Aufgabenteilung zwischen Erwerbsarbeit und Kinderpflege. Selbstverständlich können Väter ihre Kinder betreuen und Mütter arbeiten gehen. Diese Rollen lassen sich tauschen. Doch Elternschaft selbst ist kein Rollenbild. Sie ist nicht verhandelbar. Mit dem platten Argument vom Rollentausch ist Frauen daher nicht geholfen. Denn Mütter haben heute einen besonders großen Packen zu schleppen. Er nennt sich »Vereinbarkeit von Familie und Beruf« und wird derzeit fast vollständig auf dem Rücken von Frauen ausgetragen. Von wegen Rollentausch: Rollenverdopplung wäre das bessere Wort. Hier hat der Feminismus keineswegs ausgedient. Ein Blick auf das aktuelle Wohlbefinden von Müttern und ihren Kindern sagt viel über den Zustand einer Gesellschaft. Gab es im Jahr 2000 noch 1960 000 alleinerziehende Mütter gegenüber 352 000 alleinerziehenden Vätern, waren es 2011 schon 2 322 000 alleinerziehende Mütter bei nur leicht gestiegener Zahl der alleinerziehenden Väter (375 000). Doch der zeitgenössische Feminismus hat dafür nur Achselzucken übrig. Oder die Ermahnung, dass selbst Schuld sei, wer Männern glaubt und Kinder in die Welt setzt. Wie konnte es aber dazu kommen, dass Feminismus und Frauenforschung gegen andere Frauen in Stellung gehen?

Die Frauenrechtlerinnen kämpften seit der Französischen Revolution um gleiche Rechte für Frauen in allen Lebenslagen: Für die Vaterschaftsanerkennung unehelicher Kinder, gegen Entmündigung im Erbrecht, für Wahlrecht und Berufstätigkeit, den Zugang zu Bildung in Schule und Universitäten, für gleiche Bezahlung und gegen Straffreiheit für vergewaltigende Ehemänner. Über einen Zeitraum von etwa 150 Jahren plagten sich die Vertreterinnen dieser sogenannten ersten Welle des Feminismus vorwiegend mit sehr pragmatischen Fragen der rechtlichen Gleichstellung und der Anwendung aller verfassungsmäßig garantierten Grundrechte für Frauen. Im Mittelpunkt der Bewegung stand die Frau.

Nach dem Zweiten Weltkrieg formierte sich die Frauenbewegung neu. Einige der zentralen Forderungen waren das Recht auf Abtreibung, die Abschaffung des Schuldprinzips im Scheidungsfall und weiterhin die öffentliche Akzeptanz der Anliegen von Frauen. Ein mit einer gewissen Verspätung wahrgenommener Klassiker dieser in den Sechziger- und Siebzigerjahren heranwachsenden, sogenannten zweiten feministischen Welle war Simone de Beauvoirs 1949 erschienenes Buch »Le Deuxième Sexe«, ins Deutsche übersetzt unter dem Titel »Das andere Geschlecht«. De Beauvoir spiegelte die Frau in Geschichte, Wissenschaft und Literatur und entlarvte sie als Konstrukt der herrschenden Verhältnisse. Damit brachte die Verehrerin Stalins drei Leitmotive in den feministischen Diskurs, die ihn bis heute durchziehen: das Patriarchat, den Marxismus und das männliche Subjekt. Trotz dieser Fixierung war die zweite feministische Welle eine bunte Bewegung. Alles schien nun möglich und alles wurde ausprobiert, von der freien Liebe über die lesbische Liebe, dem Leben im Frauenkollektiv und dem Verzicht auf die bürgerliche Kleinfamilie. Die amerikanische Feministin und Marxistin Betty Friedan stellte in ihrem Klassiker »Der Weiblichkeitswahn« die Verhaltensweisen ihrer mittlerweile studierten Kommilitoninnen dar, die unzufrieden und ohne Beruf in ihrer Rolle als Hausfrau ausharrten. Kinder, Küche, Kirche war gestern. Im Mittelpunkt der zweiten Welle stand die Erfindung und Neuerfindung der Frau. Nie hat der Feminismus eine stärkere öffentliche Wirkung entfaltet als in dieser Zeit.

Doch in den Extremen der zweiten Welle war bereits angelegt, was den Feminismus zunehmend von der Masse der Frauen entfremdete: Dauer-Marxismus, Männerfeindlichkeit und ein zunehmend pseudowissenschaftlich verklausulierter Diskurs. Über ihre neuerworbenen Freiheiten auf dem Arbeitsmarkt durften sich die Frauen nicht mehr freuen, folgten sie doch nur »hegemonial erworbenen Mustern männlicher Dominanz im Kapitalismus«, so oder so ähnlich sind die Floskeln bis heute geblieben. Auch der eigenen Ausrichtung der Sexualität war zu misstrauen, jedenfalls wenn sie nicht lesbisch war. Viele Frauen konnten damit nichts mehr anfangen. Ein weiteres Phänomen kam dazu. Je mehr Rechte Frauen bekamen, desto lauter erinnerten kleine und kleinste Gruppierungen unter ihnen an ihre Opferrollen. Doch eine wachsende Zahl von Frauen fühlte sich nicht mehr als Opfer der Verhältnisse. Da die rechtliche Gleichstellung der Frau aber noch nicht zu einer tatsächlichen Gleichstellung im öffentlichen Leben geführt hatte, wurden nun die sozialen Rollenzuschreibungen untersucht. Im Sinne erzieherischer oder auch politischer Anreize für Mädchen und Jungen, Frauen und Männer, sich auch für Tätigkeiten und Berufe zu interessieren, die einst nur einem Geschlecht zugeordnet waren, ist das ein sinnvoller Versuch. Doch dieser Versuch wurde ohne jeden empirischen Befund zur Theorie deklariert. Und verhalf einem Wort zu Weltgeltung, dessen Bedeutung auf irritierende Weise verschwommen ist und dessen Interpretation variiert: »gender«.

Der amerikanische Psychologe John Money wollte in den späten Sechzigerjahren den Beweis liefern, dass man einem Kind statt des angeborenen Geschlechts durch den Erwerb der entsprechenden »gender role« auch das nicht angeborene Geschlecht antrainieren könne. Er ließ das männliche Baby Bruce Reimer zum Mädchen Brenda umoperieren. Während schon das Kleinkind sozial auffällig reagierte, feierte Money es als Bestätigung seiner These vom erworbenen Geschlecht. Der Begriff »gender« eröffnete die Geschlechterforschung, eine interdisziplinäre Wissenschaft, die dadurch anfälliger für ideologische Einflussnahme ist als die klassischen Naturwissenschaften. 1975 bezog Alice Schwarzer sich in ihrem Bestseller »Der kleine Unterschied« auf das Reimer-Experiment und lobte den »aufklärenden« und »nicht manipulierten« Menschenversuch als Beleg auch ihrer These, nach der die Unterschiede zwischen den Geschlechtern nicht natürlich, sondern kulturell konstruiert seien. Nur vier Jahre später erfuhr Brenda, mittlerweile ein Teenager, versehentlich von ihrer wahren Identität und ließ sich umoperieren. Sie nannte sich nun David Reimer. Doch das Experiment wirkte nach. Bruce alias Brenda alias David Reimer nahm sich 2004 das Leben. Im selben Jahr erschien das Buch der Gralshüterin der Queer-Forschung, Judith Butler, mit dem Titel »Undoing Gender«. Die amerikanische Philosophin missbrauchte darin das traurige Schicksal Reimers als Beleg für die Dominanz der Zweigeschlechtlichkeit. Nicht das Menschenexperiment an einem Kleinkind fand sie kritikwürdig, sondern den Versuch, Reimer nur die Optionen einer weiblichen oder männlichen Identität offeriert zu haben. Obwohl David Reimer immer als Mann leben wollte.

Die Zuschreibung »gender« eroberte die Institutionen – im Schnelldurchlauf. Doch bis heute ist nicht geklärt, ob »gender« das biologische Geschlecht ersetzen oder nur ergänzen soll. Zwischen dem einen und dem anderen liegt ein sehr großer Unterschied. In genderorientierten Kindergärten können Mädchen zum Fußballspielen ermuntert werden. In den schwedischen Egalia-Kindergärten dagegen werden keine Märchen mehr vorgelesen. Um überkommene Rollenbilder zu überwinden, sollen die Kinder dort Mutter-Mutter-Kind oder Vater-Vater-Kind spielen. Gender kann also Ermutigung meinen, aber genauso Zensur. In Politik und Wirtschaft wird Gender-Mainstreaming in der Regel mit Gleichstellung übersetzt. Doch eine einheitliche Definition zur Verwendung des Begriffs gibt es bis heute nicht. In einer Anfrage an die

Vizepräsidentin der Europäischen Kommission, Viviane Reding, wollte die Europa-Abgeordnete Anna Zaborska 2012 wissen, welche Folgen es hat, wenn in der EU »Gender-Gleichheit« anstelle der rechtlich einzulösenden Gleichheit von Männern und Frauen betrieben wird. Denn in Artikel 23 der EU-Charta ist von »equality between men and women« die Rede, nicht von »gender«. Reding antwortete gänzlich unbefangen, da ja nun das Wort »gender« allerorten verwendet werde, würde es auch die Kommission verwenden. Die Notwendigkeit einer linguistischen Definition sah sie nicht. Und das ist nun wirklich eine Ironie der Geschichte. Denn in der feministischen Sprachkritik gibt es wohl kein Wort, das nicht auf seine multiplen Konnotationen abgeklopft worden wäre – ausgenommen das Wort »gender«.

Doch es blieb nicht bei »gender«. Judith Butler unternahm den erfolgreichen Versuch, das Undefinierte zu überwinden. Nicht etwa durch Präzisierung, sondern durch Visionen. Sie ging noch weiter, nämlich post-gender. Dem biologischen *und* dem sozial erworbenen Geschlecht sei nicht zu trauen, so Butler, auch gender sei schließlich nur eine Zuschreibung. Die Philosophin Butler, die auch das Fach Rhetorik lehrt, musste dafür aber weder recherchieren noch forschen. Zahlen braucht sie als Philosophin und Sprachwissenschaftlerin natürlich nicht. Ihre Zauberformel heißt »performativer Akt«. Die Art und Weise, wie wir uns politisch, sozial und kulturell begegnen, konstituiere erst unser Geschlecht, das auf der

Wahrnehmung der anderen und zahlreichen kulturellen und gesellschaftlichen Zuschreibungen beruhe, so Butler. Die Weisheit, die in dieser Theorie steckt, ist die einer Binse, also eines ordinären Grashalms ohne Blütenkopf. Selbstverständlich beeinflusst die Art unseres Auftretens unser Gegenüber und umgekehrt. Nur ist es unmöglich eine Erklärung dafür, warum Männer und Frauen sich seit der Steinzeit so begegnen, dass Frauen Kinder kriegen und Männer in den Krieg ziehen.

Doch Butler wurde damit zur Ikone der sogenannten dritten Welle des Feminismus. Im Mittelpunkt dieser fast rein akademischen Bewegung steht die in universitärer Abgeschiedenheit betriebene Dekonstruktion der Frau und ihres Geschlechts. Und zwar durch einen kaum wahrgenommenen Automatismus: Gender gilt wie das biologische Geschlecht als etwas, das im Namen von Gleichheit und Gerechtigkeit überwunden werden muss. Alle Inhaber von Gender-Lehrstühlen, alle Gender-Beauftragten und öffentlichen Gender-Mainstreamer haben ja die Aufgabe, vermeintlich falsche Zuschreibungen aus der Welt zu schaffen. Gender ist also zwangsläufig und immer Post-Gender. Es ist die Überwindung einer bisher nicht wissenschaftlich bestätigten Theorie. Vom Aufsatz »Doing Gender« aus dem Jahr 1987 bis zu Judith Butlers 2004 erschienenem Traktat »Undoing Gender« ist es kein weiter Weg. Weniger als um wissenschaftliche Theorie geht es hier um die reine Rhetorik der Geschlechtsaufweichung. Kein Wunder also, dass die Mehrheit der Frauen hier nicht mehr folgen kann. Und nicht mehr folgen sollte. Denn im Fahrtwind von post-gender können nicht nur Frauenparkplätze und Frauenquoten wieder kassiert werden. Es droht ein viel größerer Rollback, ein Rückschritt hinter die in den Siebzigerjahren mühsam erkämpften Frauenrechte. Und es kommt nicht von ungefähr, dass ausgerechnet die Piratenpartei selbstverständlich das Label post-gender führt. In keiner anderen Partei legen Männer ein derart sexistisches Gebaren an den Tag. Doch wer post-gender ist, muss auf Unterschiede zwischen den Geschlechtern keine Rücksicht mehr nehmen.

Eine andere Folge dieser Entwicklung ist, dass der Diskurs über Feminismus in zwei Richtungen entgleitet: in einen öffentlichen Vulgär-Feminismus, der oft die richtigen Fragen stellt, im Kern aber unpolitisch ist, und in die akademische Frauenforschung, die am eigenen Ast sägt. Die Auffassungen, die dort jeweils vertreten werden, können unterschiedlicher nicht sein. Im Mittelpunkt des öffentlich verhandelten Feminismus steht heute sehr monochrom der Erfolg. Die britische Feministin Angela McRobbie nennt es in der orthodoxen Sprache des Genres das »neoliberale Geschlechterregime«, das den alten Feminismus abgelöst habe. So ist es möglich, dass Frauen wie Heidi Klum und Alice Schwarzer beide irgendwie als feministische Erfolgsmodelle durchgehen. Dabei macht die eine vor laufender Kamera Frauen runter, während die andere sich ihr Leben lang für Frauenrechte eingesetzt hat; wirbt die eine für ein Frauenbild, gegen das die andere seit

Jahrzehnten kämpft. Während Schönheitswettbewerbe noch das Feindbild der Neuen Frauenbewegung waren, fallen sie heute kaum mehr als antifeministisch ins Auge. Barbie ist nun auch Feministin geworden. Und das neue Lila heißt Rosa. Die Inhalte, mit denen sich die Frauenrechtsbewegung über Jahrzehnte beschäftigt hat, scheinen in den Hintergrund getreten zu sein.

Nie zuvor wurden unter dem Label »Feminismus« derart entgegengesetzte Meinungen verhandelt. Auch über Prostitution sind die Lager gespalten. Den Achtundsechzigerinnen ist es gelungen, die »Hure« und ihr Gewerbe gesellschaftsfähig zu machen. Die sexuelle Befreiung der Frau hat manche Karriere möglich gemacht, wie zum Beispiel die der Odenwald-Schülerin Beate Uhse. Unter Rot-Grün wurde die Prostitution ein ganz normales Gewerbe – mit super Frauenquote. Das akademisch vorgetragene Argument lautete immer: Anti-Diskriminierung. Den eher diskursfernen Femen-Aktivistinnen sagt das heute überhaupt nichts mehr. Sie fordern die Bestrafung aller Männer, die Frauen Geld für sexuelle Dienste zahlen. Und sie sind die Einzigen, die sich trauen, Heidi Klums Showwelt zu entern.

Feministinnen wie Bascha Mika oder Sheryl Sandberg setzen sich öffentlichkeitswirksam dafür ein, Frauen Mut zur Karriere zu machen. Sie gehen davon aus, dass Frauen ebenso leistungsfähig sind wie Männer, und zwar auf allen Fachgebieten! Genderforscherinnen wiederum konterkarieren das, indem sie die Naturwissenschaften für ein Konstrukt halten. Denn nach der sogenannten »feministischen Wissenschaftstheorie« darf Rationalität als »männliches Denkkonstrukt« angezweifelt werden, während die radikale Subjektivität als »weibliches Denkmodell« hofiert wird. Eine Einschätzung, die uns die ganze Strecke der Frauenrechtsbewegung zurückkatapultiert. Dafür, dass sie diese Unterstellung öffentlich angezweifelt hatte, wurde einst ihre Begründerin Olympe de Gouges unter die Guillotine gelegt!

Auch der sogenannte Neo-Feminismus ist eine Spielart des Vulgär-Feminismus. Seine Entstehung verdankt er Rainer Brüderle. Die Aufschrei-Debatte war eine spontane Reaktion meist junger Frauen gegen sexistische Übergriffe in der Öffentlichkeit. Diese Frauen sind weder Queer-Feministinnen noch gehören sie der akademischen Geschlechterforschung an. Die meisten von ihnen sind heterosexuelle, junge und gut ausgebildete Akademikerinnen. Ein Punktsieg für Frauen, gewiss. Ebenso wie die Einsätze der ukrainischen Frauengruppe *Femen*, die mit medial inszenierten Nacktauftritten und mörderischem Geschrei an die feministische Aktionskunst der Siebzigerjahre anknüpft, dabei aber auf Aktivistinnen mit Hängebrüsten, Cellulitis oder Bauchspeck verzichtet. Schließlich soll ja auch die männlich dominierte Welt hingucken. Neo-Feministinnen und Femen sind eine erfrischende Ausprägung weiblicher Willensbekundungen, weil sie in ihrer Naivität genau die richtigen Fragen stellen. Doch sie bleiben vereinzelt. Wer nicht das ideologisch geprägte Vokabular der Gender- und Frauenforschung übernimmt, wird ausgespuckt. Eine umfassende Frauenbewegung kann sich so erst gar nicht formieren. Dafür fehlt in Deutschland auch die Gesprächskultur. In den Vereinigten Staaten werden diese Kämpfe ausgefochten, aber innerhalb einer breit aufgestellten feministischen Debatte.

Und noch etwas gibt Anlass zur Beunruhigung. Wie konnte es dazu kommen, dass die Forderung aus der Geschlechterforschung, Vielfalt (Diversity) zu stärken (also queer-, trans-, inter-, cross, bi- oder *– mal Class, Race, Gender) - womit in der Regel Bewegungen im Promillbereich der Bevölkerung gemeint sind –, fast immer zwanghaft darauf hinausläuft, die Identität einer überwältigenden Mehrheit durch die Aufhebung von Geschlechtlichkeit infrage zu stellen? Also im Grunde durch simulierte Vielfalt am Ende Konformität zu erzwingen? In ihrer »Queeren Resolution 2013« hat die Grüne-Jugend die Aufhebung der Zweigeschlechtlichkeit als überkommenes Konstrukt gefordert. Nach dem Motto »Queer Dir Deine Welt« heißt es dort, die Grüne-Jugend verstehe einen Menschen nicht als eine Person, die ihr Leben lang einer Geschlechtsidentität als Mann oder Frau ausgesetzt sei. Es ist noch nicht lange her, da waren Homosexuelle demselben Grundverdacht ausgesetzt, dass sie nämlich eigentlich gar nicht schwul seien, sondern nur vorübergehend desorientiert oder falsch erzogen. Wem also nützt das? Nicht nur die angefeindeten Heterosexuellen, auch die meisten

Lesben und Schwulen sind Frauen und Männer – und definieren sich über die Liebe zu einem bestimmten Geschlecht! Dafür gibt es in der queer-Sprache mittlerweile das negativ besetzte Adjektiv »homonormativ«. Wer sich also der Aufhebung von Geschlecht entgegenstellt, wird schnell der Diskriminierung oder der Transphobie geziehen. Das nützt natürlich vor allem der Legitimierung der Queer-Theorie, die auch von den Grünen als »grundsätzliche Herrschaftskritik auf Grundlage von Geschlecht und Sexualität« definiert wird. Das ist sozusagen ein Ewigkeitsanspruch, denn wer sollte in einer freien demokratischen Gesellschaft das Recht haben, Geschlecht abzuschaffen und Sexualität gerecht zu verteilen? Dabei kann das Ausrufen und Einordnen immer neuer Opfer-Gruppen und Untergruppen schnell selbst diskriminierende Züge annehmen.

So ist auch der Diskurs über Mütter in Partikel zerfallen. Wir reden über Teenager-Mütter, Migrantinnen-Mütter, lesbische Mütter, berufstätige Mütter, alleinerziehende Mütter, alte Mütter, Akademiker-Mütter usw., als handele es sich hier um Unterspezies seltener Säugetierarten und nicht um eine universelle Lebensform. Die Aufspaltung in immer neue Opfergruppen hat im Feminismus den Namen »Intersektionalität« bekommen. Ursprünglich sollte damit auf die unterschiedlichen Lebenslagen von Frauen aufmerksam gemacht werden. Doch auch dieses Verfahren karikiert sich selbst. Denn damit kann der Opferstatus jeder beliebigen Gruppe unendlich weit ausgedehnt werden. Doch die begriffliche Zerlegung steckt voller Vorurteile. Man merkt das, wenn man versucht, Schnittmengen zu bilden. Es gibt sie durchaus: also akademische Hartz-IV-Mütter, nicht-migrantische Teenager-Mütter, alte alleinerziehende Migrantinnen oder getrennt lebende lesbische Mütter. Die Wirklichkeit ist immer bunter als die intersektionelle Wahrnehmung. Denn jede Mutter bringt Vielfalt ins Leben, das sollte man auch unter Diversity verstehen.

9 Ein anderer Weg – ein Nachwort

Ich habe eine typische »Frauenerwerbsbiografie«. Ich habe also nicht Karriere gemacht. Manchmal empfinde ich das als ungeheure Befreiung. Dann wieder fürchte ich, etwas versäumt zu haben. Damals habe ich das Ende meines Angestellten-Daseins als herbe Niederlage empfunden. Wodurch es beendet wurde? Natürlich durch ein Kind. Dabei hatte alles so vielversprechend begonnen: Examen mit eins Komma noch was, Volontariat und gleich darauf ein fester Job. Am ersten Tag in der neuen Abteilung machte mein Vorgesetzter mir klar, dass er eigentlich einen anderen Kandidaten – natürlich männlich – für meine Stelle vorgesehen hatte. Ich machte ihm klar, dass sein Vorgesetzter aber mich für diese Stelle vorgesehen hatte. Was für ein Einstieg!

Außerdem war ich zu meiner Überraschung in einer Männer-Domäne gelandet, obwohl ich nun für den Kulturteil einer Zeitung arbeitete: als einzige Frau, später waren wir manchmal zu dritt. Während meines Studiums ließen sich auf den Fluren der Fremdsprachen-, Germanistik- und Geschichtsseminare zu meinem Leidwesen kaum männliche Kommilitonen finden. Wo kamen jetzt die ganzen Männer im Feuilleton her? Auf den Konferenzen wurden

Zigarren geraucht und Zoten gerissen. Wie man sich zu dreckigen Bemerkungen von Männern verhält, hatte ich schon als Praktikantin eines Nachrichtenmagazins gelernt: Niemals beleidigt sein, nicht rausgehen, keine Türen knallen, bloß nicht zum Betriebsrat! Mitmachen konnte man dafür bei den schwulen Kollegen. Da waren dann die männlichen Praktikanten die Dummen. Vor allem aber durfte man sich als Frau im gebärfähigen Alter niemals zum Thema »Kinder« äußern. Die Väter unter den Kollegen schrieben die niedlichsten Glossen über ihren Nachwuchs. Als Frau schwieg man dazu besser. Mütter gab es in der Abteilung nicht. Außer natürlich den Sekretärinnen.

Die Chefs wechselten ständig. Und trotz Zoten und Zigarren wirkten meine männlichen Kollegen unglücklich. Ständig bekamen sie von oben eins drauf. Dumm nur, dass ich in dieser Kette ganz unten stand, als Jüngste und als Frau. Ein wohlmeinender Chef der höheren Ebene setzte sich mit mir zusammen und gab mir für mein berufliches Vorankommen den Tipp, doch öfter mal die Abendveranstaltungen des Hauses zu besuchen und mir dafür eine entsprechende Abendgarderobe zuzulegen. Ich hatte eine wunderbare Option, mich diesem Wahnsinn zu entziehen: Ich wurde schwanger. Meine beiden Vorgesetzten reagierten fassungslos. Der eine kippte im Stuhl nach hinten und ließ die Arme baumeln, der andere kippte nach vorne und vergrub das Gesicht in den Händen. »Dass es das heute noch gibt!«, sagte der eine. Ich war 32.

Nach Klärung der Formalien wurde mir eine halbe Stunde später auch noch gratuliert.

Mein Angestellten-Dasein endete, weil ich mit Kind nur das Angebot bekam, auf meine Vollzeitstelle zurückzukehren. Kurz vor Einführung des Teilzeitgesetzes kündigte ich also. Eine ungeheure Dummheit! Und eine ungeheure Befreiung. Trotzdem fühlte ich mich wie ausgespuckt, mit Kind war ich nicht mehr »employable«.

Nun war ich Mutter. Und zum ersten Mal mein eigener Chef. Ich hatte alle Eigenschaften, die man dazu brauchte: Liebe, Geduld und Freude am Wachsen meines Kindes. Trotzdem bekam ich unangekündigt Besuch vom Jugendamt. Zwei Damen mit sportlichem Haarschnitt standen vor der Tür. Wie sie auf mich gekommen sind? Das sei nur ein Angebot. Wozu? Die Damen erklärten mir, dass es beim Bezirksamt eine Liste mit Tagesmüttern gebe. Ich brauchte aber keine. Die Damen verabschiedeten sich. Zum Jugendamt musste ich trotzdem. Mein Mann und ich wollten uns das Sorgerecht teilen. Wir waren noch nicht verheiratet. Die Sachbearbeiterin zeigte mit einem Lineal auf meinen Mann. Auf dem Lineal waren Fotos koprologischer Proben. Ob ich sicher sei, dass »er« das geteilte Sorgerecht bekommen solle? Ja! Ob »er« der Vater des Kindes sei? Ja! Ob ich wüsste, dass ich »ihn« dann in allen Erziehungsfragen um Zustimmung bitten müsste? Ja! Ob ich mir das gut überlegt hätte? Ja! Danach ließ sie »ihn« unterschreiben.

Ich merkte schnell, dass ich als Mutter nicht weniger verdächtig war als eine weibliche Angestellte. Auf die erste Beschimpfung musste ich nicht lange warten. Meine Freundin und ich fuhren unsere Babys im Kinderwagen spazieren. Wir tranken im Gehen einen Saft. Ein junger Mann versperrte uns den Weg, breitbeinig, feixend. Er war schwarz gekleidet und nüchtern. *»Na, ein Käffchen mit dem Strohhalm, ihr Schicki-Micki-Wichsis«,* sagte er. Lag das an der Berliner Luft? Wenn ich Hundebesitzer bat, die Kacke ihrer Lieblinge zu beseitigen, musste ich hören: *»Aber ihr mit euren Windeln!«* Vor vielen Läden entdeckte ich Schilder mit durchgestrichenen Kinderwagen. An Treppen und Schwingtüren konnte ich manchmal sehr lange warten. Eine Freundin bekam am Bahnsteig mit Kinderwagen und Koffer zu hören: *»Das hättste dir früher überlegen müssen.«* Alles nur Einbildung oder die selektive Wahrnehmung einer gestressten Mutter?

Das Berliner Stadtmagazin *Zitty* veröffentlichte eine Liste mit Berlins beliebtesten Feindbildern. Darunter die »Übermutti«. Wofür wird sie gehasst? Weil sie stillt, strickt und kocht und sich öffentlich mit ihrem Kind zeigt. Und vor allem: *»Ihr Becken gebar den Heiland von morgen, ihre Bedürfnisse haben Vorrang, ihr Kinderwagen hat Vorfahrt.«* Ich fand mich wieder in Comics, Zeitungsartikeln und der Frauen-Ratgeberliteratur: Als böse Mutter, Ehrgeizmutter, Übermutter, Latte-Macchiato-Mutter und als Karikatur. Die kollektive Mütterschelte ging sogar der scharfsichtigen Comic-Zeichnerin Ulli Lust zu weit. Es sei das Leichteste der Welt, über Mütter herzuziehen, fand Lust. Obwohl sie wirklich lustige Mütterszenen zeichnet.

In meiner Heimatstadt war der Ton weniger scharf. Ich traf eine alte Schulfreundin, die schon drei Kinder hatte, und fragte sie nach ihrer Arbeit. Wenn man drei Kinder habe, müsse man nicht mehr arbeiten, sagte sie. Ich schnappte nach Luft. Wie konnte man so etwas sagen? Als ich selber drei Kinder hatte, wusste ich, dass sie recht hatte. Trotzdem war das kaum noch denkbar: sich nicht über die Arbeit zu definieren. Ich hatte mich auf ein prekäres Freiberuflertum festgelegt unter dem Stirnrunzeln meiner stets berufstätigen Mutter. Dabei mag ich meinen Beruf sehr gern. Nur ist er in Form einer Festanstellung schwer mit Kindern zu vereinbaren. Und wer nicht vor der Geburt seiner Kinder in Vollzeit angestellt war, kann auf eine Teilzeitstelle lange warten. Ein paar Mal hatte ich mich auf Teilzeitstellen beworben, immer bekam ein Mann ohne Kinder den Zuschlag, weil er für das halbe Geld voll arbeitete. Einmal saß ich gleichzeitig mit einer anderen Mutter in einem Bewerbungsgespräch. Die Frau, die das Gespräch führte, fragte als Erstes, wie lange unsere Kinder betreut seien. Die andere Frau bekam den Zuschlag, ihre Kinder waren ganztags betreut. Bis heute fällt mir zum Thema der Vereinbarkeit immer noch nur ein Beruf ein: Lehrerin! Wie meine Mutter! Also dreißig fremde Kinder erziehen statt drei eigene.

Dafür jedenfalls ist einem gesellschaftliche Anerkennung sicher.

Die nächste Lektion bekam ich im Kindergarten. Als mein erstes Kind zwei Jahre alt war, meldete ich es in einer staatlichen Einrichtung an. Ein paar Tage war ich zur Eingewöhnung dabei. Und außer mir auch noch Läuse. Das Mädchen mit den schönsten langen Haaren kam am nächsten Tag kurz geschoren wie aus der Kadettenanstalt. Als Bewegungsprogramm marschierten die Kleinen um den Block: dreimal und in Zweierformation. Mit Straßenschuhen liefen die Kinder über die Schlafmatten. Zahnputzbecher und -bürsten lagen im Badezimmer verstreut am Boden, das Essen wurde aus dunkelblauen Putzeimern serviert. Die Erzieherinnen grimassierten. Warum sie nicht mitäßen, fragte ich. Sie machten Trennkost, war die Antwort. Nun verstand ich, warum in der öffentlichen Debatte alle immer von »guten« Kitas sprachen. Ich nahm mein Kind wieder mit. Dafür musste ich mir anhören, ich könne meinem Kind keine Grenzen setzen, sei symbiotisch mit ihm verschmolzen und enthalte ihm andere Bezugspersonen vor.

Wie lästig das Gedöns über die verwöhnten Gören ist, konnte aber niemand deutlicher machen als Berlins Regierender Bürgermeister Wowereit. Auf einer Wahlkampfveranstaltung im Herzen des Berliner Neubürgertums in Prenzlauer Berg tat er den Besitzern abgefackelter Autos sein Beileid kund. Echte Empathie unter Männern! Dann meinte er, in Prenzlauer Berg müssten auch solche Menschen leben dürfen, die keinen Kinderwagen haben. Nun hatten hier aber nicht nur Autos gebrannt, sondern gleichzeitig auch die Kinderwagen – in Serie! Der Wahlkreiskandidat versuchte die Lage zu retten und machte darauf aufmerksam, dass auch die Kinderwagen angezündet worden waren. Dafür erhielt er einen johlenden Zwischenapplaus einiger junger Männer aus dem Publikum und verstummte. Warum hatte der Regierende Bürgermeister nicht gesagt, hier müssten auch Menschen leben dürfen, die keinen Porsche Cheyenne fahren? Und ist es nicht weniger verwerflich, auf offener Straße leere Autos anzuzünden als Kinderwagen in von Kindern bewohnten Häusern? Oder denke ich das nur, weil ich eine Frau bin? Das eine gilt schnell als politische Straftat, das andere nicht. Ein klassischer Fall für den gender-gap-report. Dabei hatte der Kinderwagen-Brandstifter bei seiner Verhaftung seinen Prass auf die ganzen Schwaben kundgetan, womit in Berlin die Bürgerlichen mit Kindern gemeint sind. Und damit die das nicht vergessen, steht auf dem Spielplatz in roter Schrift: *»Tötet Yuppies«* und neben der Eisdiele: *»Tötet Schwaben«*. Der Kinderwagen-Anzünder war übrigens die meiste Zeit seiner Kindheit ohne Mutter aufgewachsen. Das schien kaum eine Zeile wert.

Die Summe meiner Lektionen ist: Jeder redet über Mütter, – was uns nicht beliebter macht –, aber niemand hört uns. Mütter haben keine Stimme. Unsere vermeintlichen Fürsprecherinnen auf beiden Seiten des politischen Spektrums wollen uns wie eine Schafherde auf den Markt treiben. Christliche Ministerinnen und Karriere-Feministinnen sind rührend um unsere Zukunft besorgt – im Büro, der Kanzlei, der Praxis, an der Kasse oder am Fließband. Der Spielraum, in dem wir selbst diese Zukunft gestalten wollen, schrumpft rasant. Falsche Rollenvorbilder und das Schlagwort von der »Vereinbarkeit« sollen uns weismachen, dass es ohne Entscheidungen möglich sei, Kinder und Karriere unter einen Hut zu bringen. Dabei ist »Vereinbarkeit« schon ein verdächtiges Wort. Es ist so vage wie »Machbarkeit«. In Wirklichkeit gibt es nur Vereinbarungen zugunsten der einen und zu Lasten der anderen Seite. Der Rest ist Propaganda. Das alte Korsett aus Kindern, Küche und Kirche ist durch ein neues Korsett aus Kindern, Kita und Karriere ersetzt worden. Eine mutter- und kinderfreundliche Gesellschaft stelle ich mir anders vor.

Zum ersten Mal in meinem Leben bin ich nun gefordert, Stellung als Frau zu beziehen. Immer habe ich von den Errungenschaften der Frauenbewegung profitiert. Als Feministin habe ich mich nie gefühlt. Gleichberechtigung, Freiheit der Berufswahl, das waren für mich Selbstverständlichkeiten. Bis ich Mutter wurde. Das gibt mir aber nicht das Recht, nun auf den Feminismus zu schimpfen. Viel eher fühle ich mich in der Pflicht ihn weiterzudenken. Denn der Gleichheitsfeminismus, der heute zum Mainstream zählt, hat viele Aspekte des Frauseins nicht mehr auf seiner Agenda. Vor allem die Mutter führt er nicht im Programm. Der »kleine Unterschied« zum Mann scheint für ihn erledigt zu sein. Frauen können heute alles werden, von der Astronautin bis zur Bundeskanzlerin. Doch das, was in ihrem Leben alles verändert, ist die Matrix geblieben, die Gebärmutter, der große Unterschied. Er lässt sich nicht »gleichstellen«, er lässt sich auch nicht wegrationalisieren. Es ist Zeit, den Feminismus weiterzudenken.

Literaturverzeichnis

Adorno, Theodor W.: Erziehung zur Mündigkeit, Vorträge und Gespräche mit Hellmut Becker 1959-1969, Suhrkamp, Frankfurt am Main 1971.

Ahnert, Lieselotte: Wieviel Mutter braucht ein Kind? Bindung-Bildung-Betreuung: öffentlich und privat, Spektrum Akademischer Verlag, Heidelberg 2010.

Badinter, Elisabeth: Die Mutterliebe. Geschichte eines Gefühls vom 17. Jahrhundert bis heute, Piper, München 1981.

Badinter, Elisabeth: Der Konflikt. Die Frau und die Mutter, dtv, München 2010.

Bawer, Bruce: The Victim's Revolution. The Rise of Identity Studies and the Closing of the Liberal Mind, Broadside Books, New York 2012.

Belsky, Jay: Effects of child care on child development: give parents real choice, Institute for the Study of Children, Families and Social Issues, Birkbeck University of London, 2009.

Beauvoir, Simone de: Das andere Geschlecht. Sitte und Sexus der Frau, Rowohlt, Reinbek bei Hamburg 1992.

Bergmann, Wolfgang: Lasst Eure Kinder in Ruhe! Gegen den Förderwahn in der Erziehung, Kösel-Verlag, München 2011.

Bode, Sabine: Die vergessene Generation. Die Kriegskinder brechen ihr Schweigen, Klett-Cotta, Stuttgart 2004.

Chamberlain, Sigrid: Adolf Hitler, die deutsche Mutter und ihr erstes Kind. Über zwei NS-Erziehungsbücher, Psychosozial-Verlag, Gießen 1997.

de Marneffe, Daphne: Die Lust, Mutter zu sein, Piper, München 2005.

Dürr, Anke; Voigt, Claudia: Die Unmöglichen. Mütter, die Karriere machen, Diana Verlag, München 2006.

Emma; Mutter werden mit 50plus, Mai/Juni 2013, Frauenverlags GmbH, Köln 2013.

Gebhardt, Miriam: Alice im Niemandsland. Wie die deutsche Frauenbewegung die Frauen verlor, DVA, München 2012.

Götze, Hanne K.: Kinder brauchen Mütter. Die Risiken der Krippenbetreuung – Was Kinder wirklich stark macht, Ares Verlag, Graz 2011.

Grimme-Institut: Familienbilder im Fernsehen. Familienbilder und Familienthemen in fiktionalen und nicht-fiktionalen Fernsehsendungen – Eine Studie des Adolf-Grimme-Instituts im Auftrag des Bundesministeriums für Familie, Senioren, Frauen und Jugend von Irmela Hannover und Arne Birkenstock, 2006.

Horváth, Ödön von: Geschichten aus dem Wiener Wald, Volksstück in drei Teilen, Reclam, Stuttgart, 2009.

Huxley, Aldous: Schöne neue Welt, Fischer Taschenbuch Verlag, Frankfurt am Main 2011.

Kürthy, Ildikó von: Unter dem Herzen. Ansichten einer neugeborenen Mutter, Wunderlich, Reinbek bei Hamburg, 2012.

Largo, Remo H.: Babyjahre. Die frühkindliche Entwicklung aus biologischer Sicht. Das andere Erziehungsbuch, Piper, München 1995.

Maier, Anja: Lassen Sie mich durch, ich bin Mutter. Von Edel-Eltern und ihren Bestimmerkindern, Bastei-Lübbe, Köln 2011.

McRobbie, Angela: Top Girls. Feminismus und der Aufstieg des neoliberalen Geschlechterregimes, VS Verlag, Wiesbaden 2010.

Mika, Bascha: Die Feigheit der Frauen. Rollenfallen und Geiselmentalität. Eine Streitschrift wider den Selbstbetrug, Goldmann, München 2012.

Mohn, Liz: Liebe öffnet Herzen, Bertelsmann, München 2001.

Peschel-Gutzeit, Lore Maria: Prüfung der Verbindlichkeit frühkindlicher staatlicher Förderung unter verfassungsrechtlichen, familienrechtlichen und jugendrechtlichen Aspekten, Friedrich-Ebert-Stiftung 2006.

Power, Nina: Die eindimensionale Frau, Merve Verlag, Berlin 2011.

Rutschky, Katharina: Schwarze Pädagogik. Quellen zur Naturgeschichte der bürgerlichen Erziehung, Ullstein Verlag, Frankfurt am Main, Berlin, Wien 1977.

Twilfer, Kai: Schantall, tu ma die Omma winken! Aus dem Alltag eines unerschrockenen Sozialarbeiters, Schwarzkopf & Schwarzkopf, Berlin 2013.

Vinken, Barbara: Die deutsche Mutter. Der lange Schatten eines Mythos, Fischer Taschenbuch Verlag, Frankfurt am Main 2007.

Zastrow, Volker: Gender. Politische Geschlechtsumwandlung, Manuscriptum, Waltrop und Leipzig 2006.